NEW 일본어가 쑥쑥 자라는
すくすく日本語 2

개정판 1쇄 발행 2012년 7월 30일
개정판 24쇄 발행 2025년 6월 23일

지 은 이 | 하영애, 우노 히토미
펴 낸 이 | 박경실
펴 낸 곳 | PAGODA Books 파고다북스
출판등록 | 2005년 5월 27일 제 300-2005-90호
주　　소 | 06614 서울특별시 서초구 강남대로 419, 19층(서초동, 파고다타워)
전　　화 | (02) 6940-4070
팩　　스 | (02) 536-0660
홈페이지 | www.pagodabook.com

저작권자 | ⓒ 2012 하영애, 우노 히토미

이 책의 저작권은 저자에게 있습니다. 서면에 의한 저작권자와 출판사의 허락 없이
내용의 일부 혹은 전부를 인용 및 복제하거나 발췌하는 것을 금합니다.

Copyright ⓒ 2012 by Young-ae Ha, Hitomi Uno
All rights reserved. No part of this publication may be reproduced, stored
in a retrieval system, or transmitted, in any form, or by any means, electronic,
mechanical, photocopying, recording or otherwise, without the prior written
permission of the copyright holders and the publisher.

ISBN 978-89-6281-447-7 (18730)

파고다북스　　www.pagodabook.com
파고다 어학원　www.pagoda21.com
파고다 인강　　www.pagodastar.com
테스트 클리닉　www.testclinic.com

| 낙장 및 파본은 구매처에서 교환해 드립니다.

すくすく 日本語

머리말

　국제화가 진행되는 요즘, 옛날부터 [가깝고도 먼 나라]라고 불렸던 한일 양국의 문화교류도 점점 많아지고, 그 덕분에 가장 가까운 서로의 나라에 대한 관심도 높아져 있습니다.

　다른 문화를 이해하는 데 있어서 가장 큰 장애물이 되는 것은 역시 언어의 벽이라고 생각합니다. 이 언어의 벽을 없애므로 해서 소통이 가능해지고 세계는 크고 넓어지게 됩니다.

　이 책을 손에 든 모든 분들은, 목적이 무엇이든 새롭게 일본어를 시작하려고 생각하고 있는 것이겠지요. 이 책은 그런 여러분에게 이제부터의 공부가 보다 효율적이고 즐거운 것이 되도록 연구하면서 만들어졌습니다.

　[말하기, 듣기, 쓰기, 읽기]의 외국어 습득의 4가지 영역의 능력을 향상시키는 것을 목표로 문법을 체계적으로 습득하고, 단어를 늘려서 일상 생활에 활용할 수 있는 일본어다운, 실용적인 표현을 익히게 하는 것, 그리고 문화적인 요소를 포함시켜서 일본 문화나 일본인의 생활에 흥미를 가지도록 하는 것에 중점을 두었습니다.

　이 책을 통해서 일본어를 할 수 있는 기쁨과 말할 수 있는 즐거움을 느끼게 될 것 입니다. 틀림없이 책 이름처럼 일본어 실력이 [무럭무럭, 쑥쑥] 자라는 것을 느낄 것입니다.

　끝으로 이 책을 출간하는데 지원을 아끼지 않으셨던 박경실 회장님과 pagoda books의 여러분들, 협력해 주셨던 파고다 학원의 일본어과 선생님들, 그리고 응원해 주신 모든 분들에게 감사의 마음을 전합니다.

저자 **하영애, 우노 히토미**

일러두기

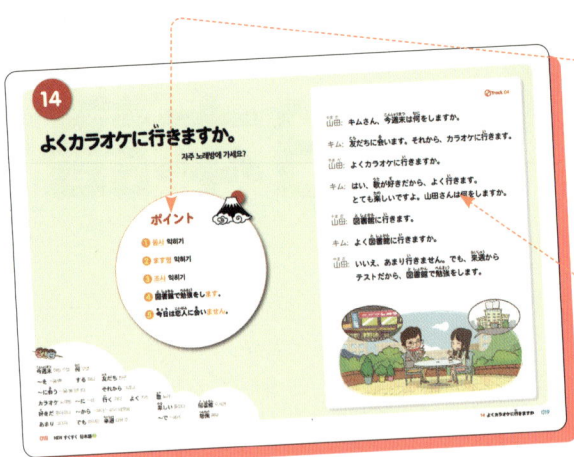

학습목표(ポイント)
각 과에서 학습해야 하는 문법의 목표를 한 눈에 쏙 들어오게 정리하였습니다. 학습 후에는 제시된 학습포인트를 스스로 확인하면서 복습할 수 있습니다.

회화본문
각 과에서 습득한 문형을 쉽고 자연스러운 문장으로 회화연습을 할 수 있도록 하였습니다. 이 대화문만 통째로 외우면 일본사람과 바로 대화할 수 있도록 하였습니다.

외워보자
일본사람과 대화할 때에 꼭 필요한 중요한 문형과 문법사항을 예문과 더불어 쉽고 간결하게 정리하였습니다. 또한 예문에 대한 해석이 바로 옆에 되어 있고, 아래에 단어 정리도 되어 있어 바로바로 확인할 수 있도록 하였습니다.

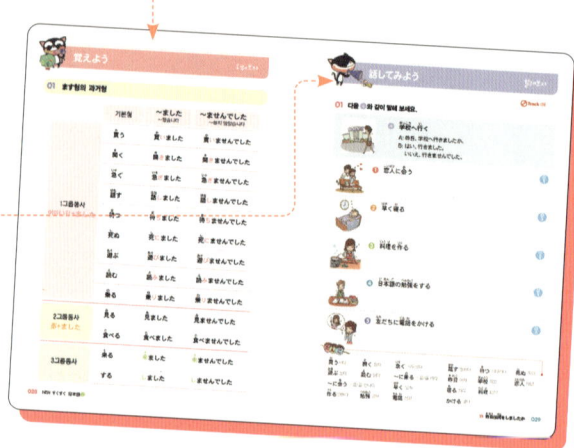

말해보자
학습한 문형에 더욱 다양한 어휘를 넣어서 말해보는 패턴 연습을 통해 중요한 문형과 어휘를 입으로 익힐 수 있도록 하였습니다. 또한 MP3에 수록된 일본사람의 발음을 듣고 따라하면서 실제 일본사람처럼 말할 수 있도록 하였습니다.

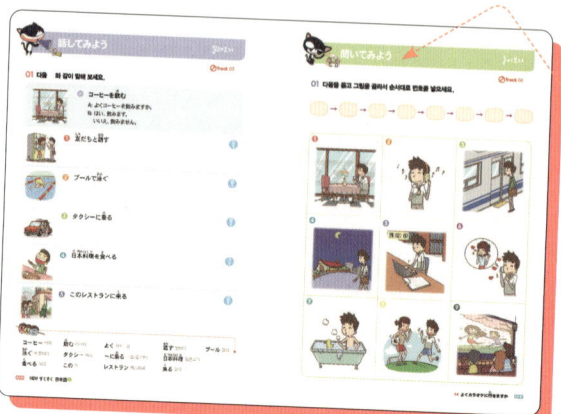

들어보자
상대방의 말이 들려야 대화를 할 수 있습니다. 각 과에서 습득한 문형을 이용한 자연스러운 대화와 문제를 통해 확실하게 귀를 뚫을 수 있습니다.

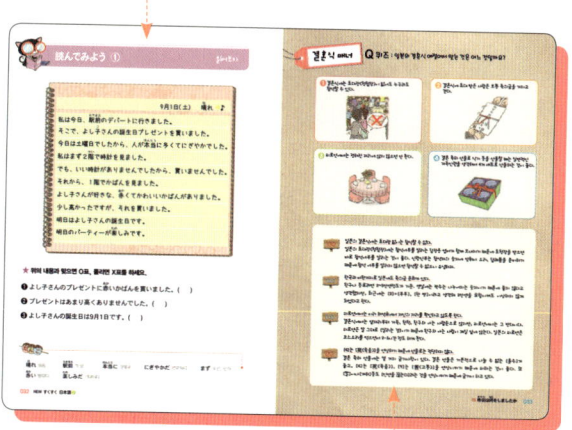

읽어보자

3개의 과 또는 4개의 과에서 배운 문형을 종합한 다양한 형태의 독해 지문을 통해 문장 해석 능력과 문장 이해력을 향상시켜 시험 대비 등을 할 수 있습니다.

일본문화

퀴즈형식으로 일본문화에 대한 진실과 오해(?), 그리고 한국 문화와의 다른 점을 체험할 수 있습니다.

워크북

각 과에서 습득한 단어, 문형 등을 복습할 수 있도록 만들었습니다.
1. 한자를 히라가나로, 히라가나를 한자로 쓰기
2. 히라가나를 카타카나로, 카타카나를 히라가나로 쓰기
3. 일본어 문장을 한국어로 해석하기
4. 한국어 문장을 일본어로 작문하기
5. 단어와 문장을 듣고 받아쓰기

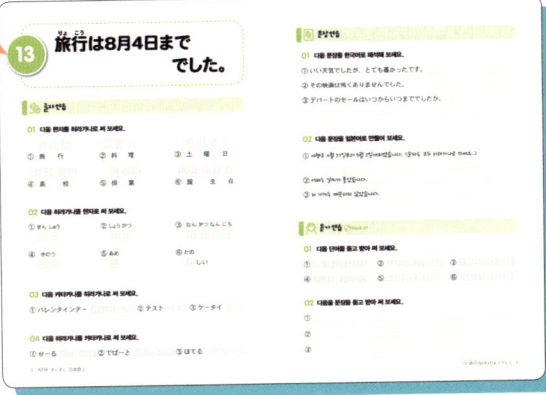

이 책을 효과적으로 사용하려면?

먼저 **학습 포인트**로 학습목표를 확인하고,
외워보자로 문형과 문법을 다지고,
말해보자로 입을 떼고,
들어보자로 귀를 뚫고,
회화 본문으로 자연스러운 회화를 습득하고,
워크북으로 각 과에서 배운 내용을 복습하면 됩니다!!!!!

차례

⑬ 旅行は8月4日まででした。 여행은 8월 4일까지였습니다.　08
りょこう
1. 날짜, 요일 익히기　　　　　　2. 명사, 형용사 과거형 익히기
3. 何月何日ですか　　　　　　　4. ～はいつですか
   なんがつなんにち

⑭ よくカラオケに行きますか。 자주 노래방에 가세요?　18
い
1. 동사 익히기　　　　　　　　　2. ～ます
3. ～ません　　　　　　　　　　4. 조사 익히기

⑮ 昨日は何をしましたか。 어제는 무엇을 했습니까?　26
きのう なに
1. 동사의 과거·과거 부정형 익히기　2. ～ました
3. ～ませんでした

⑯ 一緒に買い物に行きませんか。　34
いっしょ か もの
함께 쇼핑하러 가지 않겠습니까?
1. ～ませんか　　　　　　　　　2. ～ましょう(か)
3. ます형 + に　　　　　　　　　4. 동작성 명사 + に

⑰ 私もおいしいものが食べたいです。　42
저도 맛있는 것이 먹고 싶습니다.
1. ます형 + ながら　　　　　　　2. ます형 + たい
3. ～がほしい

⑱ 3つ目の駅で降りてください。 3번째 역에서 내리세요.　50
め えき お
1. て형 익히기　　　　　　　　　2. ～てください

⑲ 今、何をしていますか。 지금 무엇을 하고 있습니까?　58
いま なに
1. ～ています　　　　　　　　　2. ～てしまいました

20 写真を見てもいいですか。　　사진을 봐도 됩니까?　　**64**
　　1. ~てもいいですか　　　　2. ~てはいけません
　　3. ~て、~ます

21 北海道に行ったことがありますか。　　**70**
　　　　　　　　　　　　　홋카이도에 간 적이 있습니까?
　　1. た형 익히기　　　　　　2. ~たことがあります

22 花火を見たり、まつりに行ったりしました。　　**78**
　　　　　　　　　　　　불꽃놀이를 보거나 축제에 가거나 했습니다.
　　1. ~たり~たりします　　　2. ~たばかりです

23 パソコンは使わないでください。　　**84**
　　　　　　　　　　　　　컴퓨터는 사용하지 마세요.
　　1. ない형 익히기　　　　　2. 형용사의 부사형 익히기
　　3. ~ないでください

24 朝早く起きることができますか。　　**92**
　　　　　　　　　　　　아침 일찍 일어날 수 있습니까?
　　1. 기본형 + ことができます　　2. 기본형 + 前に
　　3. ~た後で

부록　　해석 | 정답 및 스크립트
별책 부록　워크북 | 귀로 배우는 MP3 | 단어장(PDF)

● MP3, 단어장(PDF), 워크북 정답 다운로드 www.pagodabook.com

13

旅行は8月4日まででした。
여행은 8월 4일까지였습니다.

ポイント

① 날짜, 요일 익히기

② 명사, 형용사 과거형 익히기

③ 今日は何月何日ですか。

④ お誕生日はいつですか。

夏休み 여름방학(여름휴가)	どうでしたか 어땠습니까?
旅行 여행	楽しい 즐겁다	いつ 언제	天気 날씨	とても 매우
暑い 덥다	ホテル 호텔	安い 싸다	料理 요리	部屋 방	きれいだ 깨끗하다

キム: 山田さん、夏休みはどうでしたか。

山田: 旅行が楽しかったです。

キム: そうですか。
旅行はいつからいつまででしたか。

山田: 7月29日から8月4日まででした。
いい天気でしたが、とても暑かったです。

キム: ホテルはどうでしたか。

山田: あまり安くありませんでしたが、
料理もおいしくて、部屋もきれいでした。

覚えよう

01 과거형(정중형)

	긍정	부정
い형용사	어간 + かったです	어간 + くありませんでした
な형용사	어간 + でした	어간 + じゃありませんでした
명사	어간 + でした	어간 + じゃありませんでした

昨日(きのう)は忙(いそが)しかったです。 　　　　　　　　　　어제는 바빴습니다.

ケータイは高くありませんでした。 　　　　　　　휴대폰은 비싸지 않았습니다.

土曜日(どようび)はとても暇(ひま)でした。 　　　　　　　　　　토요일은 아주 한가했습니다.

新(あたら)しい仕事(しごと)は大変(たいへん)じゃありませんでした。 　　　새로운 일은 힘들지 않았습니다.

高校(こうこう)の先生(せんせい)は親切(しんせつ)な人(ひと)でした。 　　　고등학교 선생님은 친절한 사람이었습니다.

昨日(きのう)は雨(あめ)じゃありませんでした。 　　　　　　어제는 비가 아니었습니다.

昨日(きのう) 어제	忙(いそが)しい 바쁘다	土曜日(どようび) 토요일	暇(ひま)だ 한가하다
新(あたら)しい 새롭다	仕事(しごと) 일	大変(たいへん)だ 힘들다	高校(こうこう) 고등학교
親切(しんせつ)だ 친절하다	雨(あめ) 비		

오워보자

02 何月ですか。　　　　　　　　　　　　　　　　　　　　　　　　　몇 월입니까?

1월	いちがつ	2월	にがつ	3월	さんがつ
4월	しがつ	5월	ごがつ	6월	ろくがつ
7월	しちがつ	8월	はちがつ	9월	くがつ
10월	じゅうがつ	11월	じゅういちがつ	12월	じゅうにがつ

03 何日(何曜日)ですか。　　　　　　　　　　　　　　　　　　　　며칠(무슨 요일)입니까?

日曜日 일요일	月曜日 월요일	火曜日 화요일	水曜日 수요일	木曜日 목요일	金曜日 금요일	土曜日 토요일
			1일 ついたち	2일 ふつか	3일 みっか	4일 よっか
5일 いつか	6일 むいか	7일 なのか	8일 ようか	9일 ここのか	10일 とおか	11일 じゅういちにち
12일 じゅうににち	13일 じゅうさんにち	14일 じゅうよっか	15일 じゅうごにち	16일 じゅうろくにち	17일 じゅうしちにち	18일 じゅうはちにち
19일 じゅうくにち	20일 はつか	21일 にじゅういちにち	22일 にじゅうににち	23일 にじゅうさんにち	24일 にじゅうよっか	25일 にじゅうごにち
26일 にじゅうろくにち	27일 にじゅうしちにち	28일 にじゅうはちにち	29일 にじゅうくにち	30일 さんじゅうにち	31일 さんじゅういちにち	

覚えよう

오워보자

04 何年ですか。
なんねん

몇 년입니까?

1년	いちねん	2년	にねん	3년	さんねん
4년	よねん	5년	ごねん	6년	ろくねん
7년	しち(なな)ねん	8년	はちねん	9년	きゅうねん
10년	じゅうねん	11년	じゅういちねん	12년	じゅうにねん

05 ～はいつですか。

−은 언제입니까?

お誕生日はいつですか。　　　　　　　　　　　생일은 언제입니까?
たんじょうび

夏休みはいつですか。　　　　　　　　　　　　여름 방학(여름 휴가)은 언제입니까?
なつやす

バレンタインデーはいつですか。　　　　　　　밸런타인데이는 언제입니까?

お誕生日 생일　　　週末 주말　　　旅行 여행　　　楽しい 즐겁다
たんじょうび　　　しゅうまつ　　　りょこう　　　たの

映画 영화　　　怖い 무섭다　　　今日 오늘　　　授業 수업
えいが　　　こわ　　　きょう　　　じゅぎょう

難しい 어렵다　　　昨日 어제　　　天気 날씨
むずか　　　きのう　　　てんき

話してみよう

Track 02

01 다음 예 와 같이 말해 보세요.

예 昨日 / 暑い

A: 昨日は暑かったですか。
B: はい、暑かったです。
　　いいえ、暑くありませんでした。

❶ 週末 / 忙しい

❷ 旅行 / 楽しい

❸ その映画 / 怖い

❹ 今日の授業 / 難しい

❺ 昨日 / 天気がいい

話してみよう

02 다음 예 와 같이 말해 보세요.

예　昨日 / 暇だ

A: 昨日は暇でしたか。
B: はい、暇でした。
　　いいえ、暇じゃありませんでした。

❶ あの店 / きれいだ

❷ 授業 / 簡単だ

❸ 昨日 / 雨

❹ 土曜日 / 休み

❺ 先週 / テスト

暇だ 한가하다	店 가게	授業 수업	簡単だ 간단하다	昨日 어제
雨 비	土曜日 토요일	休み 휴일, 휴가	先週 지난주	テスト 시험
何月何日 몇월며칠	明日 내일	お正月 설날	お誕生日 생일	
子どもの日 어린이날	デパート 백화점	セール 세일		

03 다음 예 와 같이 말해 보세요.

예 A: 今日は何月何日ですか。（4月 17日）
B: **し**がつ**じゅうしち**にちです。

❶ A: 明日は何月何日ですか。(12月3日)
B:

❷ A: お正月はいつですか。(1月1日)
B:

❸ A: お誕生日はいつですか。(9月10日)
B:

❹ A: 子どもの日はいつですか。(5月5日)
B:

❺ A: テストはいつからいつまでですか。(11月8日～14日)
B:

❻ A: デパートのセールはいつからいつまでですか。(7月9日～20日)
B:

聞いてみよう 들어보자

Track 03

01 다음을 듣고 언제부터 언제까지인지 날짜를 적어 넣으세요.

예

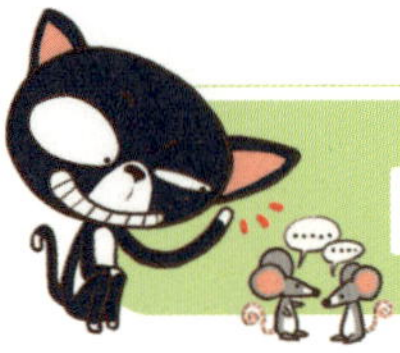

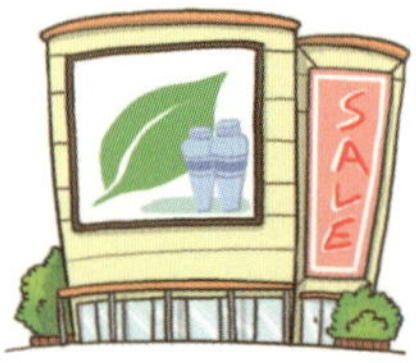

8日 ~ 17日

❶

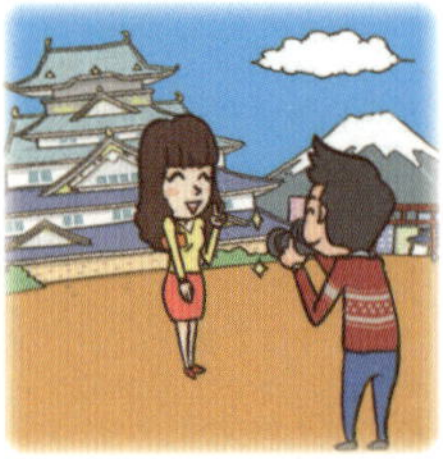

~

❷

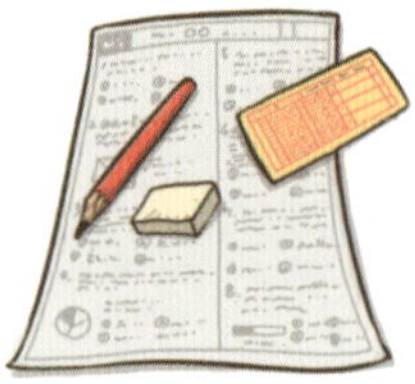

~

❸

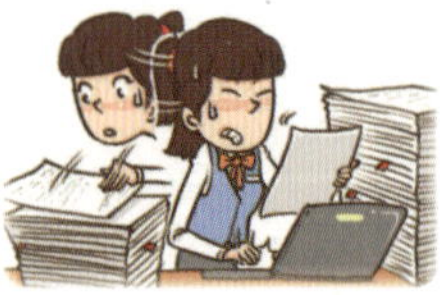

~

❹

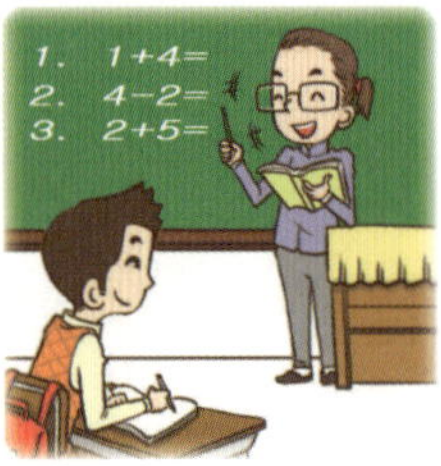

~

버스 매너

Q 퀴즈 : 일본의 버스문화에서 맞는 것은 어느 것일까요?

❶ 일본의 버스정류장에는 운행 시간표가 있다.

❷ 일본 버스 안에서는 휴대폰을 사용해서는 안 된다.

❸ 일본 버스에는 노약자석이 없다.

❹ 일본에서 버스를 내릴 때는 미리 문 앞에 서서 기다리다가, 문이 열리면 빨리 내리지 않으면 안 된다.

 일본 버스에는 운행 시간표가 있어, 시간표대로 제시간에 버스가 오기 때문에 편리하다.

 일본의 버스나 지하철에서는 휴대폰을 사용할 수 없다.
버스를 탈 때 무음이나 진동으로 해 놓는 것은 필수.
만약에 버스 안에서 전화가 걸려 오면, 내려서 전화를 걸도록 하자♪♪♪

 일본의 버스나 지하철에도 한국과 같이 노약자석(優先席^{ゆうせんせき})이 있다.
사람이 없을 때는 노약자석에 앉아도 되지만, 나이 드신 분이나 아이, 임산부, 몸이 불편한 분이 탔을 때는 바로 일어나서 자리를 양보하자♪♪♪

 일본 버스에서는 버스가 정차하기 전에 자리에서 일어나 문 앞에서 기다려서는 안 된다.
한국처럼 버스가 서고 나서 바로 내리지 않으면 출발해 버리지 않기 때문에 버스가 완전히 정차한 후에 일어나서 내리자. 정차하기 전에 무심코 일어서면, [위험하니까 일어나지 마세요]라고 운전기사로부터 마이크를 통해 주의를 받는 경우도 있으니 조심하자♪♪♪

14

よくカラオケに行(い)きますか。

자주 노래방에 가세요?

ポイント

1. **동사** 익히기
2. **ます형** 익히기
3. **조사** 익히기
4. 図書館(としょかん)で勉強(べんきょう)を**します**。
5. 今日(きょう)は恋人(こいびと)に会(あ)い**ません**。

今週末(こんしゅうまつ) 이번 주말　　何(なに) 무엇
~を ~을/를　　　　　　する 하다　　友(とも)だち 친구
~に会(あ)う ~을/를 만나다　　それから 그리고
カラオケ 노래방　　~に ~에　　行(い)く 가다　　よく 자주　　歌(うた) 노래
好(す)きだ 좋아하다　　~から ~부터/~이기 때문에　　楽(たの)しい 즐겁다　　図書館(としょかん) 도서관
あまり 그다지　　でも 하지만　　来週(らいしゅう) 다음 주　　~で ~에서　　勉強(べんきょう) 공부

山田: キムさん、今週末は何をしますか。

キム: 友だちに会います。それから、カラオケに行きます。

山田: よくカラオケに行きますか。

キム: はい、歌が好きだから、よく行きます。
とても楽しいですよ。山田さんは何をしますか。

山田: 図書館に行きます。

キム: よく図書館に行きますか。

山田: いいえ、あまり行きません。でも、来週から
テストだから、図書館で勉強をします。

覚えよう

01 동사

▶ 동사는 어미가 [う]단으로 끝난다.
즉, 어미가 [う、く、ぐ、す、つ、ぬ、ぶ、む、る]이다.

▶ 동사의 종류
1 1그룹동사　　2 2그룹동사　　3 3그룹동사

종류	구분 방법
1그룹동사	❶ [る]로 끝나지 않는 동사 예) 会う、書く、泳ぐ、話す、待つ、死ぬ、遊ぶ、飲む… ❷ [る]로 끝나고 바로 앞이 [あ]단, [う]단, [お]단이 오는 동사 예) ある、作る、撮る… ❸ 예외1그룹동사 예) 帰る、入る、走る、切る、知る、要る…
2그룹동사	[る]로 끝나고 바로 앞이 [い]단, [え]단이 오는 동사 예) 見る、起きる、寝る、食べる…
3그룹동사	예) 来る、する

오무려보자

02 ~ます형(정중형) — 합니다

	기본형	ます ~합니다/~하겠습니다	ません ~하지 않습니다/~하지 않겠습니다
1그룹동사 어미 い단+ます	会う	会います	会いません
	書く	書きます	書きません
	泳ぐ	泳ぎます	泳ぎません
	話す	話します	話しません
	待つ	待ちます	待ちません
	死ぬ	死にます	死にません
	遊ぶ	遊びます	遊びません
	飲む	飲みます	飲みません
	作る	作ります	作りません
2그룹동사 る+ます	見る	見ます	見ません
	寝る	寝ます	寝ません
3그룹동사	来る	来ます	来ません
	する	します	しません

会う 만나다	書く 쓰다	泳ぐ 수영하다	話す 말하다	待つ 기다리다
死ぬ 죽다	遊ぶ 놀다	飲む 마시다	ある 있다	作る 만들다
撮る 찍다	帰る 돌아가다	入る 들어가다	走る 달리다	切る 자르다
知る 알다	要る 필요하다	見る 보다	起きる 일어나다	寝る 자다
食べる 먹다	来る 오다	する 하다		

14 よくカラオケに行きますか

話してみよう

말해보자

Track 05

01 다음 예와 같이 말해 보세요.

예 コーヒーを飲む

A: よくコーヒーを飲みますか。
B: はい、飲みます。
　　いいえ、飲みません。

❶ 友だちと話す

❷ プールで泳ぐ

❸ タクシーに乗る

❹ 日本料理を食べる

❺ このレストランに来る

コーヒー 커피	飲む 마시다	よく 자주, 잘	話す 말하다	プール 풀장
泳ぐ 수영하다	タクシー 택시	～に乗る ～을/를 타다	日本料理 일본요리	
食べる 먹다	この 이	レストラン 레스토랑	来る 오다	

022　NEW すくすく 日本語 ❷

聞いてみよう

01 다음을 듣고 그림을 골라서 순서대로 번호를 넣으세요.

14 よくカラオケに行きますか

조사

	의미	예문
は	~은/는	私は会社員です。
も	~도	キムさんは英語も日本語も上手です。
の	명사수식	これは韓国の新聞です。
	~의	それは先生の本です。
	~의 것	あの財布は私のです。
が	~이/가	今日は天気がいいです。
	~지만, 다만	すしは高いですが、おいしいです。
から	~부터/~에서	日本語の授業は2時からです。
	이유(~때문에)	この店は有名だから、人が多いです。
まで	~까지	会社は午後7時までです。
と	~와/과	この新聞と雑誌ください。
を	~을/를	テレビを見ます。
へ	~에(방향)	学校へ行きます。
に	~에(장소)	図書館に来ます。
	~에(시간)	朝6時に起きます。
	~에게(상대)	先生に話します。
で	~에서(장소)	図書館で勉強します。
	~로(수단/방법)	会社まで地下鉄で行きます。 日本語で話します。
	숫자+で(~해서)	全部でいくらですか。

자주 쓰이는 동사 표현

朝7時に起きる
아침 7시에 일어나다

ごはんを食べる
밥을 먹다

地下鉄に乗る
지하철을 타다

学校へ行く
학교에 가다

勉強をする
공부를 하다

先生と話す
선생님과 이야기하다

図書館に来る
도서관에 오다

レポートを書く
리포트를 쓰다

本を読む
책을 읽다

電話をかける
전화를 걸다

恋人に会う
애인을 만나다

かばんを買う
가방을 사다

友だちと遊ぶ
친구와 놀다

お酒を飲む
술을 마시다

音楽を聞く
음악을 듣다

歌を歌う
노래를 부르다

うちへ帰る
집에 돌아오다

テレビを見る
텔레비전을 보다

お風呂に入る
목욕을 하다

夜、遅く寝る
밤 늦게 자다

14 よくカラオケに行きますか

15

昨日(きのう)は何(なに)をしましたか。

어제는 무엇을 했습니까?

ポイント

① 동사의 과거, 과거부정형 익히기

② 友(とも)だちと遊(あそ)び**ました**。

③ 昨日(きのう)は学校(がっこう)へ行(い)き**ませんでした**。

買(か)い物(もの) 쇼핑	買(か)う 사다	くつ 구두
～と ~와/과	財布(さいふ) 지갑	それから 그리고 나서	一緒(いっしょ)に 함께, 같이
ごはん 밥	食(た)べる 먹다	キムチチゲ 김치찌개	少(すこ)し 조금	辛(から)い 맵다

キム: 山田さん、昨日は何をしましたか。

山田: 友だちとデパートで買い物をしました。

キム: いいですね。何を買いましたか。

山田: くつと財布を買いました。
それから、友だちと一緒にごはんを食べました。

キム: そうですか。何を食べましたか。

山田: キムチチゲを食べました。
少し辛かったですが、とてもおいしくてよかったです。

覚えよう 외워보자

01 ます형의 과거형

	기본형	～ました ~했습니다	～ませんでした ~하지 않았습니다
1그룹동사 어미い단+ました	買う	買いました	買いませんでした
	聞く	聞きました	聞きませんでした
	急ぐ	急ぎました	急ぎませんでした
	話す	話しました	話しませんでした
	待つ	待ちました	待ちませんでした
	死ぬ	死にました	死にませんでした
	遊ぶ	遊びました	遊びませんでした
	読む	読みました	読みませんでした
	乗る	乗りました	乗りませんでした
2그룹동사 る+ました	見る	見ました	見ませんでした
	食べる	食べました	食べませんでした
3그룹동사	来る	来ました	来ませんでした
	する	しました	しませんでした

028　NEW すくすく 日本語 ❷

話してみよう

말해보자

Track 08

01 다음 예 와 같이 말해 보세요.

예 学校へ行く
A: 昨日、学校へ行きましたか。
B: はい、行きました。
　　いいえ、行きませんでした。

❶ 恋人に会う

❷ 早く寝る

❸ 料理を作る

❹ 日本語の勉強をする

❺ 友だちに電話をかける

買う 사다	聞く 듣다	急ぐ 서두르다	話す 말하다	待つ 기다리다	死ぬ 죽다
遊ぶ 놀다	読む 읽다	～に乗る ~을/를 타다	昨日 어제	学校 학교	恋人 애인
～に会う ~을/를 만나다		早く 일찍	寝る 자다	料理 요리	
作る 만들다	勉強 공부	電話 전화	かける 걸다		

15 昨日は何をしましたか　**029**

話してみよう 말해보자

02 다음 예와 같이 말해 보세요.

예 服^{ふく}を買^かう / 高^{たか}い

A: 昨日、服を買いましたか。
B: いいえ、買いませんでした。
A: どうして買いませんでしたか。
B: 高かったですから、買いませんでした。

❶ テレビを見^みる / 忙^{いそが}しい

❷ 早^{はや}く帰^{かえ}る / 仕事^{しごと}が多^{おお}い

❸ 友^{とも}だちと遊^{あそ}ぶ / アルバイトが大変^{たいへん}だ

❹ 早^{はや}く起^おきる / 日曜日^{にちようび}だ

服 옷	買う 사다	高い 비싸다	どうして 왜, 어째서	テレビ 텔레비전
見る 보다	忙しい 바쁘다	早く 일찍, 빨리	帰る 돌아가다	仕事 일
多い 많다	大変だ 힘들다	起きる 일어나다	日曜日 일요일	

聞いてみよう

들어보자

🎵 Track 09

01 다음을 듣고 그림에서 해당하는 번호를 2개씩 고르세요.

- 예 a / e
- ❶   /
- ❷   /
- ❸   /

ⓐ	ⓑ	ⓒ
ⓓ	ⓔ	ⓕ
ⓖ	ⓗ	ⓘ

15 昨日は何をしましたか

読んでみよう ①

9月1日(土)　晴(は)れ ♪

私は今日、駅前(えきまえ)のデパートに行きました。
そこで、よし子(こ)さんの誕生日プレゼントを買いました。
今日は土曜日でしたから、人が本当(ほんとう)に多くてにぎやかでした。
私はまず2階(かい)で時計を見ました。
でも、いい時計がありませんでしたから、買いませんでした。
それから、1階でかばんを見ました。
よし子さんが好きな、赤(あか)くてかわいいかばんがありました。
少し高かったですが、それを買いました。
明日はよし子さんの誕生日です。
明日のパーティーが楽(たの)しみです。

★ 위의 내용과 맞으면 O표, 틀리면 X표를 하세요.

❶ よし子さんのプレゼントに赤(あか)いかばんを買いました。(　　)

❷ プレゼントはあまり高くありませんでした。(　　)

❸ よし子さんの誕生日は9月1日です。(　　)

晴(は)れ 맑음　　駅前(えきまえ) 역 앞　　本当(ほんとう)に 정말로　　にぎやかだ 번화하다　　まず 우선, 먼저
赤(あか)い 빨갛다　　楽(たの)しみだ 기대되다

결혼식 매너

Q 퀴즈 : 일본의 결혼식 예절에서 맞는 것은 어느 것일까요?

❶ 결혼식에는 초대장(청첩장)이 없어도 누구라도 참석할 수 있다.

❷ 결혼식에 초대 받은 사람은 보통 축의금을 가지고 간다.

❸ 피로연에서는 정해진 자리에 앉지 않으면 안 된다.

❹ 결혼 축하 선물로 식기 등을 선물할 때는 일반적인 가족인원을 생각해서 4개 세트로 선물하는 것이 좋다.

 일본의 결혼식에는 초대장 없이는 참석할 수 없다.
일본의 초대장(청첩장)에는 참석여부를 알리는 답장용 엽서가 함께 보내지기 때문에 초청장을 받으면 바로 참석여부를 알리는 것이 좋다. 신랑신부는 참석자의 숫자에 맞춰서 요리, 답례품을 준비하기 때문에 참석 여부를 알리지 않으면 참석할 수 없으니 유념하자.

 한국과 마찬가지로 일본에도 축의금 문화가 있다.
친구나 동료라면 2~3만엔정도가 기준. 옛날에는 짝수는 나누어지는 숫자이기 때문에 좋지 않다고 생각했지만, 최근에는 [2]=[부부], [한 쌍]이라고 생각해 2만엔을 포함시켜도 이상하지 않게 되었다고 한다.

 피로연에서는 미리 좌석표에서 자신의 자리를 확인하고 앉도록 한다.
결혼식에서는 앞자리부터 가족, 친척, 친구와 아는 사람순으로 앉지만, 피로연에서는 그 반대이다. 피로연은 말 그대로 [알리는 것]이기 때문에 친구와 아는 사람이 제일 앞에 앉는다. 일본의 피로연은 코스요리를 먹으면서 2-3시간 정도 하게 된다.

 [4]는 [死(죽음)]을 연상하기 때문에 선물로는 적당하지 않다.
결혼 축하 선물에는 몇 가지 금기사항이 있다. 결혼 선물은 기본적으로 나눌 수 없는 [홀수]가 좋고, [4]는 [死(죽음)], [9]는 [苦(고통)]을 연상시키기 때문에 피하는 것이 좋다. 또 [칼]이나 [가위] 등도 [인연을 끊는다]라는 것을 연상시키기 때문에 금기시 하고 있다.

16

一緒に買い物に行きませんか。
함께 쇼핑하러 가지 않겠습니까?

ポイント

1. 少し休み**ませんか**。
2. 早く帰り**ましょう**。
3. 何時に会い**ましょうか**。
4. 映画**を**見**に**行きます。
5. 昨日は**アルバイト****に**行きました。

来週 다음 주	誕生日 생일	プレゼント 선물		
まだ 아직	これから 이제부터	一緒に 함께, 같이	買い物 쇼핑	どこ 어디
何時 몇 시	学校 학교	前 앞	どうですか 어떻습니까?	ドラマ 드라마

キム: 山田さん、来週の月曜日は田中さんの誕生日ですね。

山田: そうですね。プレゼントは買いましたか。

キム: いいえ、まだです。これから買いに行きます。

山田: そうですか。
私もまだですから、一緒に買い物に行きませんか。

キム: ええ、どこで、何時に会いましょうか。

山田: 学校の前で4時はどうですか。

キム: ええ、そうしましょう。何を買いましょうか。

山田: 田中さんは韓国のドラマが好きだから、ドラマのDVDはどうですか。

キム: いいですね。そうしましょう。

覚えよう

01　～ませんか　　　　　　　　　　　　　－하지 않겠습니까?

ごはんを食べませんか。　　　　　　　밥을 먹지 않겠습니까?

一緒に遊びませんか。　　　　　　　　함께 놀지 않겠습니까?

少し休みませんか。　　　　　　　　　조금 쉬지 않겠습니까?

02　～ましょう　　　　　　　　　　　　　－합시다

映画を見ましょう。　　　　　　　　　영화를 봅시다.

一緒に運動しましょう。　　　　　　　함께 운동합시다.

早く帰りましょう。　　　　　　　　　일찍 (집에) 돌아갑시다.

03　～ましょうか　　　　　　　　　　　　－할까요?

何時に会いましょうか。　　　　　　　몇 시에 만날까요?

タクシーに乗りましょうか。　　　　　택시를 탈까요?

日本へ旅行に行きましょうか。　　　　일본에 여행 갈까요?

오워보자

04 동사의 ます형 + に / 동작성 명사 + に   −하러

恋人と映画を見に行きます。　　　　　　　애인과 영화를 보러 갑니다.

明日、先生に会いに行きましょう。　　　내일 선생님을 만나러 갑시다.

昨日はアルバイトに行きました。　　　　어제는 아르바이트하러 갔습니다.

一緒に食事に行きませんか。　　　　　　함께 식사하러 가지 않겠습니까?

だんご

- ごはん 밥
- 一緒に 함께, 같이
- 少し 조금
- 休む 쉬다
- 映画 영화
- 運動する 운동하다
- タクシー 택시
- ～に乗る ~을/를 타다
- 旅行 여행
- 明日 내일
- 食事 식사

話してみよう

01 다음 예와 같이 말해 보세요.

> 예 図書館(としょかん)に行く / 忙(いそが)しい
>
> A: 一緒に、図書館に行きませんか。
> B: いいですね。行きましょう。
> 　 すみません。忙しいですから、ちょっと…。

❶ 海(うみ)で泳(およ)ぐ / 天気(てんき)が悪(わる)い

❷ お酒(さけ)を飲(の)む / 仕事(しごと)が多(おお)い

❸ 映画を見る / 宿題(しゅくだい)が大変(たいへん)だ

❹ 歌(うた)を歌(うた)う / 歌が下手(へた)だ

❺ ゲームをする / 明日(あした)、テストだ

図書館(としょかん) 도서관　忙(いそが)しい 바쁘다　ちょっと 조금, 잠깐　海(うみ) 바다　泳(およ)ぐ 수영하다　悪(わる)い 나쁘다
お酒(さけ) 술　飲(の)む 마시다　仕事(しごと) 일　多(おお)い 많다　宿題(しゅくだい) 숙제　大変(たいへん)だ 힘들다
歌(うた) 노래　歌(うた)う 노래부르다　下手(へた)だ 잘 못하다　ゲーム 게임　明日(あした) 내일　テスト 시험
プール 풀장　うち 집　ジム 헬스클럽　買(か)い物(もの) 쇼핑　公園(こうえん) 공원　散歩(さんぽ) 산책

02 다음 예와 같이 말해 보세요.

예 プール / 泳ぐ

A: 昨日、どこへ行きましたか。
B: プールへ行きました。
A: 何をしに行きましたか。
B: 泳ぎに行きました。

❶ 友だちのうち / 勉強をする

❷ 学校 / 先生に会う

❸ ジム / 運動

❹ デパート / 買い物

❺ 公園 / 散歩

話してみよう

03 다음 예 와 같이 말해 보세요.

예 **映画を見る / どんな映画を見る / アクション映画**

A: 明日、一緒に映画を見に行きませんか。
B: いいですね。どんな映画を見ましょうか。
A: アクション映画はどうですか。
B: いいですね。そうしましょう。

❶ 勉強をする / どこでする / 図書館(としょかん)

❷ お酒を飲む / 何(なに)を飲む / ワイン

❸ スキー / 何時に会う / 朝９時

❹ 買い物 / どこへ行く / デパート

どんな 어떤　　アクション 액션　　ワイン 와인　　スキー 스키

聞いてみよう

01 다음을 듣고 해당하는 번호를 각각 고르세요.

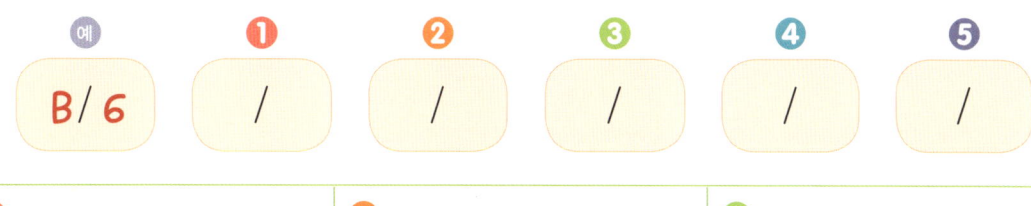

16 一緒に買い物に行きませんか

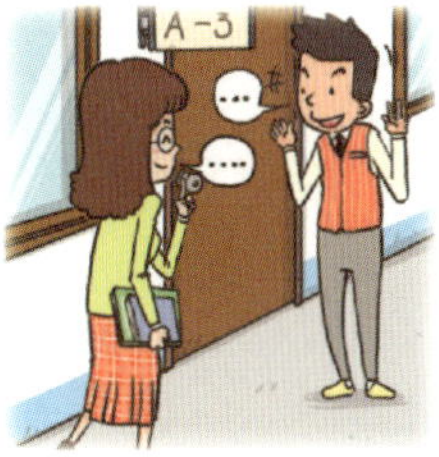

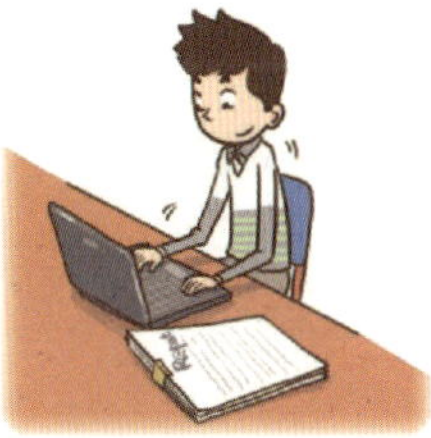

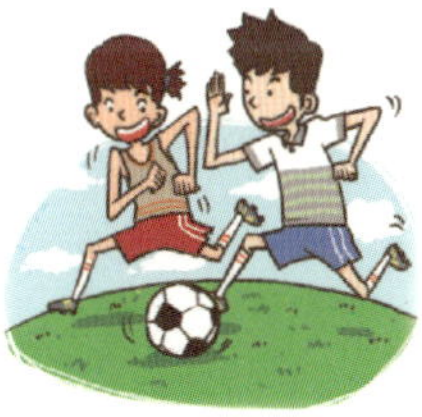

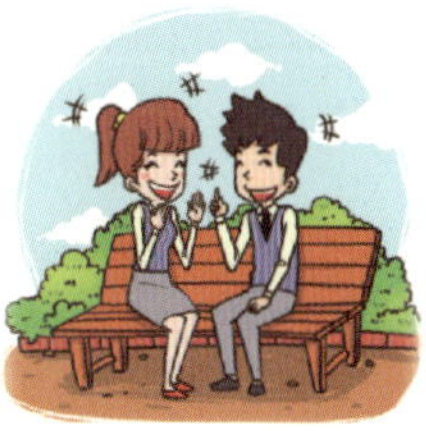

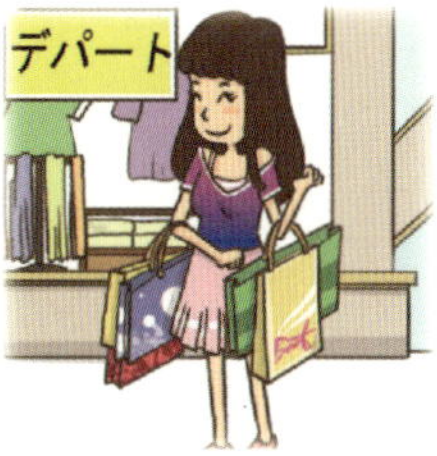

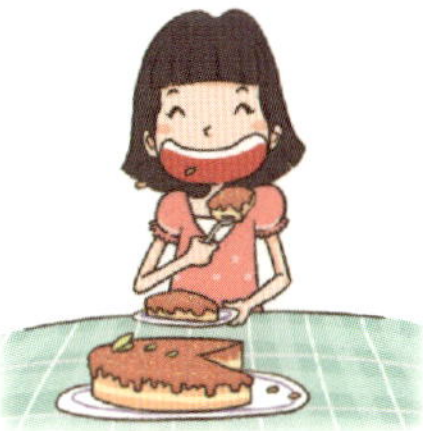

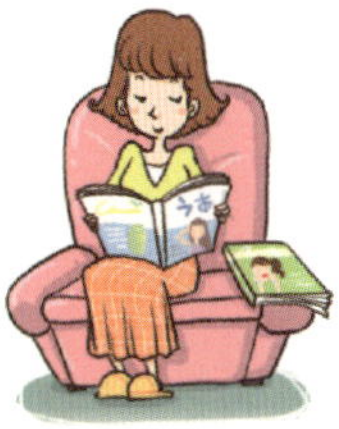

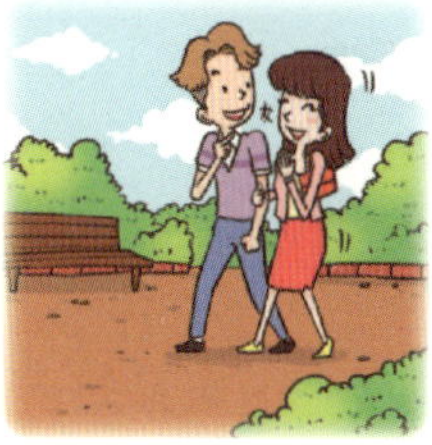

17

私もおいしいものが食べたいです。
저도 맛있는 것이 먹고 싶습니다.

ポイント

1. 歌を歌いながら、そうじをします。
2. 今日は早く寝たいです。
3. 新しいケータイがほしいです。

晩ごはん 저녁밥
おしゃべりをする 수다를 떨다　　おいしいもの 맛있는 것
店 가게　　ある 있다　　本当に 정말로
最近 최근　　休み 휴일, 휴가　　～がほしい ~을/를 갖고 싶다(원한다)

キム： 昨日は何をしましたか。

山田： 友だちと晩ごはんを食べながら、おしゃべりをしました。とても楽しかったですよ。

キム： いいですね。私もおいしいものが食べたいです。

山田： じゃあ、今日一緒に行きませんか。
いい店がありますから。

キム： 本当に行きたいですが、今日も仕事が多くて…。

山田： 今日は土曜日ですよ。今日も会社に行きますか。

キム： はい、最近とても忙しくて、土曜日も仕事があります。
私も休みがほしいです。

覚えよう 외워보자

01 ます형 + ながら   －하면서

歌を歌いながら、そうじをします。 노래를 부르면서 청소를 합니다.

本を見ながら、レポートを書きます。 책을 보면서 리포트를 씁니다.

ごはんを食べながら、家族と話します。 밥을 먹으면서 가족과 이야기를 합니다.

02 ～が(を) ます형 + たい   －을/를 －하고 싶다

日本で買い物が(を)したいです。 일본에서 쇼핑을 하고 싶습니다.

今日は早く寝たいです。 오늘은 일찍 자고 싶습니다.

土曜日には会社に行きたくありません。 토요일에는 회사에 가고 싶지 않습니다.

03 ～がほしい   －을/를 갖고 싶다(원하다)

新しいケータイがほしいです。 새 휴대폰을 갖고 싶습니다.

恋人がほしいです。 애인을 갖고 싶습니다.

猫は嫌いだから、ほしくありません。 고양이는 싫어하기 때문에 갖고 싶지 않습니다.

そうじ 청소	レポート 리포트	家族 가족	話す 말하다	猫 고양이
嫌いだ 싫어하다	音楽 음악	聞く 듣다	お菓子 과자	歩く 걷다
かける 걸다	地下鉄 지하철	待つ 기다리다	単語 단어	覚える 외우다
散歩 산책	写真 사진	撮る 찍다		

01 다음 예와 같이 말해 보세요.

예 **お酒を飲む / 友だちと話す**
A: お酒を飲みながら、何をしますか。
B: お酒を飲みながら、友だちと話します。

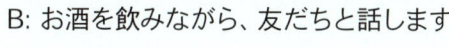

❶ 音楽を聞く / 歌を歌う

❷ お菓子を食べる / テレビを見る

❸ 歩く / 電話をかける

❹ 地下鉄を待つ / 単語を覚える

❺ 散歩をする / 写真を撮る

話してみよう

02 다음 ⓔ와 같이 말해 보세요.

ⓔ **お酒を飲む / 何を飲む / 冷たいビール**

A: 今、何が(を)したいですか。
B: お酒が(を)飲みたいです。
A: 何が(を)飲みたいですか。
B: 冷たいビールが(を)飲みたいです。

❶ 買い物をする / 何を買う / パソコン

❷ 料理を習う / どんな料理を習う / おいしい日本料理

❸ 泳ぐ / どこで泳ぐ / 海

❹ 映画を見る / 誰と見る / 恋人

❺ 旅行に行く / いつ行く / 来月

| 冷たい 차갑다 | ビール 맥주 | パソコン 컴퓨터 | 料理 요리 | 習う 배우다 |
| 誰 누구 | 旅行 여행 | いつ 언제 | 来月 다음 달 | |

03 다음 예 와 같이 말해 보세요.

예 新しい車 / 今の車が古い

A: 今、何がほしいですか。
B: 新しい車がほしいです。
A: どうしてですか。
B: 今の車が古いからです。

❶ 犬 / 犬はかわいい

❷ 休み / 仕事が大変だ

❸ ケータイ / 今のケータイが不便だ

❹ お金 / 留学する

❺ 日本人の友だち / 日本語で話したい

車 차　　今 지금　　古い 낡다　　どうして 어째서, 왜　　犬 개　　かわいい 귀엽다
休み 휴일, 휴가　　不便だ 불편하다　　お金 돈　　留学する 유학가다

聞いてみよう

들어보자

🎵 Track 15

01 다음을 듣고 맞는 것에 O표를 하세요.

	ⓐ	ⓑ
예		O
❶	ⓐ	ⓑ
❷	ⓐ	ⓑ
❸	ⓐ	ⓑ
❹	ⓐ	ⓑ

048 NEW すくすく 日本語 ❷

신사에서

Q 퀴즈 : 일본의 신사에 있는 물건의 이름이나, 예절에 맞는 것은 어느 것일까요?

❶ 멋진 애인을 만들고 싶어하는 친구에게 주는 부적(お守り)은 (A)이다.

(A) 家内安全 　(B) 学業成就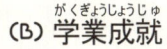

(C) 金運御守 　(D) 良縁御守

❷ 이것은 원하는 것 등을 써서 신사에 보관하는 물건이다.

❸ 신사의 본전(신전) 앞에 오면, 賽銭箱에 돈을 넣은 후에 바로 손을 모아서 참배하는 것이 좋다.

❹ 길, 흉을 점치는 제비의 결과가 나쁘면, 그 종이를 찢어버리면 좋다.

 답은 (D)
(A) 家内安全 – 가족 전원의 행복을 기원　(B) 学業成就 – 폭넓은 범위로 학업에서 목표하는 바를 이루기를 기원. 수험생에게는 [合格祈願]을 주면 좋다.
(C) 金運御守 – 금운을 많아지기를 기원　(D) 良縁御守 – 좋은 인연을 통해 연인이 생기기를 기원

 이것은 [에마(絵馬)]라고 한다. 신사나 절에서 기원을 할 때, 또는 기원한 일이 이루어져 사례로 드리는 물건으로 보통 앞에는 [말]이 그려져 있고, 뒤에는 쓰고 싶은 내용을 써서 보관한다.

 돈을 넣은 후에 바로 참배하는 것이 아니다. 신전 앞에 오면, 賽銭箱에 돈을 넣은 후에 종을 2~3번 울린 후, 2번 절을 하고, 양손을 가슴 높이로 해서 2번 박수를 친다. 그 뒤에 양손을 모으고 참배를 하고 마지막으로 한 번 더 절을 한다. 이때 종을 울리는 이유는 나쁜 것을 물리치는 의미, 박수는 신에 대한 경의를 표하는 의미가 있다. 하지만, 절에서는 박수를 쳐서는 안 된다는 것을 기억하자ㅎㅎㅎㅎㅎㅎ

 경내에 있는 나무에 묶으면 된다. 제비에는 신으로부터의 가르침이나 힘이 간직되어 있다. 결과가 좋으면 가지고 돌아가도 되지만, 함부로 찢어서는 안 된다. 결과가 좋지 않을 때는 나쁜 운이 [길]로 바뀌도록 기원하고, 신과의 인연을 묶는다는 의미로 신사내의 나무에 묶으면 된다. 또 여러 번 뽑는 것도 신으로부터의 가르침을 무시하는 것이므로 금하고 있다.
＊7단계의 경우: 대길(大吉)→중길(中吉)→소길(小吉)→길(吉)→말길(末吉)→흉(凶)→대흉(大凶)

18

3つ目の駅で降りてください。

3번째 역에서 내리세요.

ポイント

1. **て형** 익히기
2. **日本語で話してください。**

今週 이번 주	時間 시간	誕生日パーティー 생일 파티	
どうやって 어떻게	大学 대학	そば 옆	～号線 ～호선
～目 ～째	駅 역	降りる 내리다	わかる 알다	楽しみです 기대됩니다

山田: キムさん。今週の土曜日、時間がありますか。

キム: はい、暇ですよ。どうしてですか。

山田: 土曜日の3時から、私のうちで誕生日パーティーをします。キムさんも遊びに来てください。

キム: ありがとうございます。
山田さんのうちにはどうやって行きますか。

山田: 大学のそばにあります。
2号線の地下鉄に乗って、3つ目の駅で降りてくださいね。
それから、駅で電話してください。

キム: はい、わかりました。楽しみですね。

覚えよう

01 て형 　　　　　　　　　　　　　　　　　　　　　　　　　-하고, -해서

		기본형	て형
1그룹동사	く → いて	書く	書いて
	ぐ → いで	急ぐ	急いで
	す → して	貸す	貸して
	う、つ、る → って	買う	買って
		待つ	待って
		取る	取って
	ぬ、ぶ、む → んで	死ぬ	死んで
		読む	読んで
		遊ぶ	遊んで
	예외	行く	行って
2그룹동사	る + て	見る	見て
		食べる	食べて
3그룹동사		来る	来て
		する	して

오မု보자

02　～てください　　　　　　　　　　　　　　　－해주세요, －하세요

今日はゆっくり休んでください。　　　　　오늘은 푹 쉬세요.

本を見せてください。　　　　　　　　　　책을 보여주세요.

明日、電話してください。　　　　　　　　내일 전화해 주세요.

貸す 빌려주다　　取る 집다　　ゆっくり 천천히　　休む 쉬다　　見せる 보여주다

話してみよう

01 다음 예 와 같이 말해 보세요.

예 **ちょっと待つ**

A: ちょっと待って。
B: うん、いいよ。
　　えー、いやだ。

예문해석
A: 잠깐 기다려.
B: 응, 좋아.
　　에~ 싫어.

❶
ケータイ、貸す

❷
ごはん、おごる

❸
あれ、取る

❹
パン、買って来る

❺
仕事、手伝う

ちょっと 잠깐　　貸す 빌려주다　　おごる 한턱내다　　取る 집다
買って来る 사오다　　手伝う 돕다, 거들다　　わかる 알다　　単語 단어
覚える 외우다　　毎日 매일　　運動する 운동하다

02 다음 예와 같이 말해 보세요.

Track 17

예 明日、6時に起きる

A: 明日、6時に起きてください。
B: はい、わかりました。明日、6時に起きます。

❶ 漢字で書く

❷ 早く帰る

❸ 日本語で話す

❹ 単語を覚える

❺ 毎日運動する

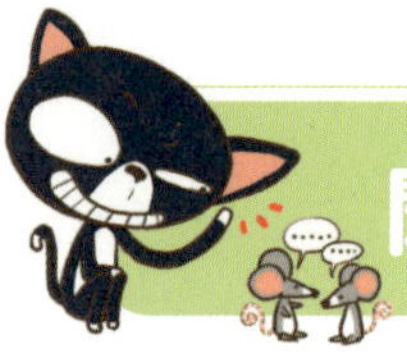

聞いてみよう 들어보자

Track 18

01 다음을 듣고 그림에서 해당하는 번호를 고르세요.

예	1	2	3	4	5	6
f						

a

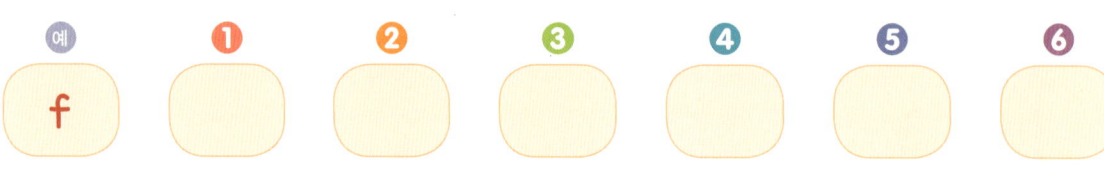

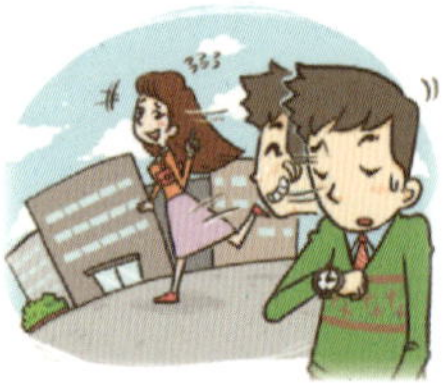

b

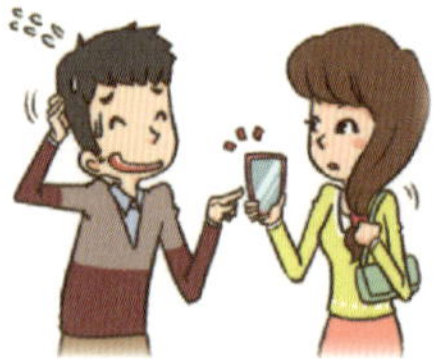

c

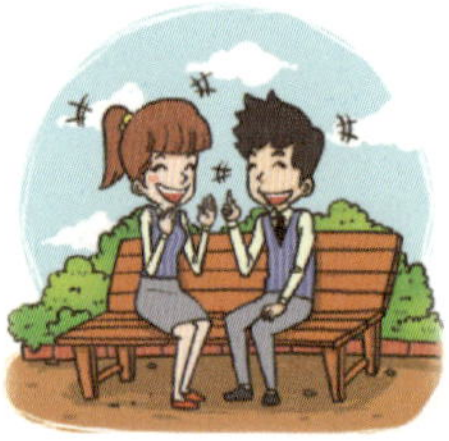

d

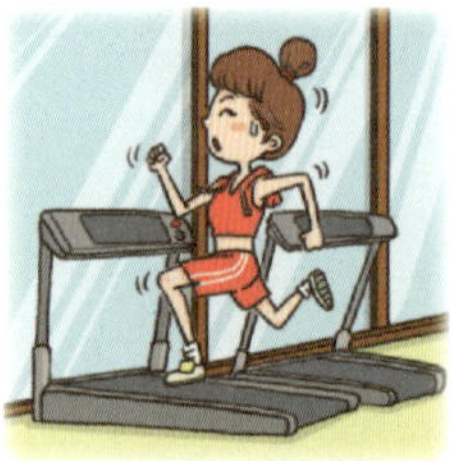

e

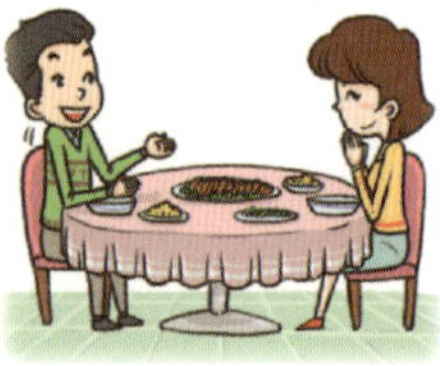

f

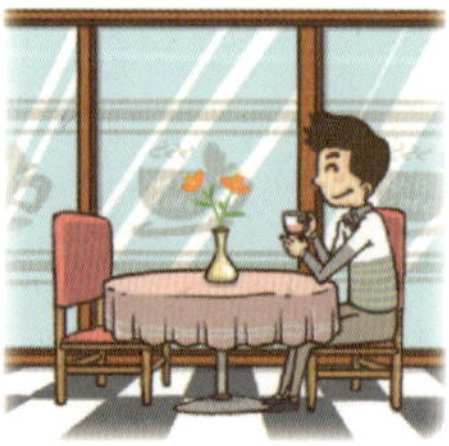

g

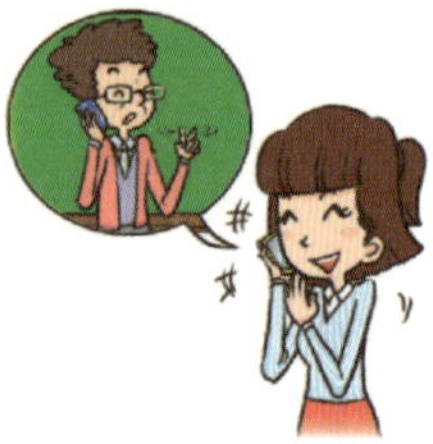

h

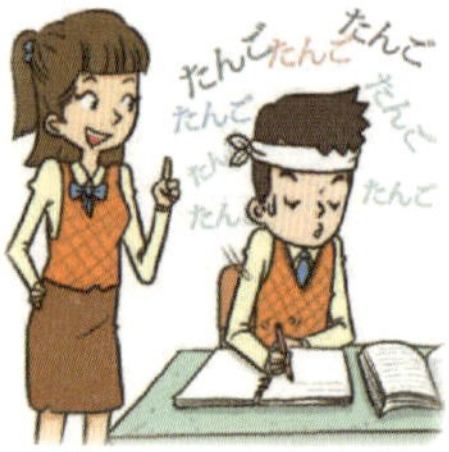

読んでみよう ②

はじめまして。私は田中みほです。20歳で、大学1年生です。
韓国で韓国語を勉強中です。
韓国が大好きですから、韓国のドラマをよく見ます。
それから、韓国のアイドルも好きで、今歌も練習中です。
でも、韓国語があまり上手じゃありませんから、
まだ難しいです。
私は韓国語がもっと勉強したいです。
韓国人の友だちがいませんから、友だちがほしいです。
韓国人のみなさん、私と日本語と韓国語で話しませんか。
一緒に電話で話しながら、勉強しましょう。
下の電話番号に電話してください。よろしくお願いします。

☎ 010-2345-6789

★ 위의 내용과 맞으면 O표, 틀리면 X표를 하세요.

❶ 田中さんは韓国のドラマは好きですが、歌は好きじゃありません。(　)

❷ 田中さんは韓国人の友だちが少しいます。(　)

❸ 田中さんは韓国人の友だちがほしいですから、これを書きました。(　)

はじめまして 처음 뵙겠습니다	20歳 스무살	〜年生 〜학년	勉強中 공부 중
練習中 연습 중	まだ 아직	もっと 좀 더	いる 있다	〜がほしい 〜을/를 원한다(갖고 싶다)
みなさん 여러분	下 아래	電話番号 전화번호	よろしく 잘	お願いします 부탁합니다

19

今(いま)、何(なに)をしていますか。

지금 무엇을 하고 있습니까?

ポイント

① 図書館でレポートを書いています。

② 授業中(じゅぎょうちゅう)に寝てしまいました。

もしもし 여보세요	今(いま)から 지금부터	
何(なに)か 무엇인가	実(じつ)は 실은	
彼女(かのじょ) 여자 친구, 그녀	けんかをする 싸움을 하다	どうして 왜, 어째서
忘(わす)れる 잊어버리다	ひどい 심하다	あやまる 사과하다

キム: もしもし、山田さん、今何をしていますか。

山田: うちで休んでいますよ。

キム: 今から一緒にお酒を飲みに行きませんか。

山田: お酒ですか。何かありましたか。

キム: 実は彼女とけんかをしてしまいました。

山田: え、どうしてですか。

キム: 忙しくて、彼女の誕生日を忘れてしまいましたから。

山田: ひどいですね。それはキムさんが悪いですよ。
早く彼女にあやまってください。

覚えよう 외워보자

01 ～ている　　　　　　　　　　　　　　　　　　　－하고 있다(진행)

今、運動をしています。　　　　　지금, 운동을 하고 있습니다.

田中さんは友だちと遊んでいます。　　다나까 씨는 친구와 놀고 있습니다.

図書館でレポートを書いています。　　도서관에서 리포트를 쓰고 있습니다.

02 ～てしまう　　　　　　　　　　　　　　　　　　－해 버리다 / －하고 말다

傘をなくしてしまいました。　　　우산을 잃어버리고 말았습니다.

授業中に寝てしまいました。　　　수업 중에 자고 말았습니다.

レポートは全部書いてしまいました。　리포트는 전부 써 버렸습니다.

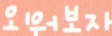

傘 우산　　**なくす** 잃어버리다　　**授業中** 수업 중　　**全部** 전부
写真 사진　　**撮る** 찍다　　**踊る** 춤추다　　**ピアノ** 피아노
弾く 연주하다, 치다　　**ケーキ** 케이크　　**作る** 만들다

話してみよう

Track 20

01 다음 예와 같이 말해 보세요.

パーティー

| 歌を歌う | 写真を撮る | お酒を飲む | 踊る | 友だちと話す |
| 電話をかける | ピアノを弾く | ケーキを食べる | 料理を作る | |

예 A: 田中さんは何をしていますか。
　　B: ケーキを食べています。

❶ 佐藤さん　❷ キムさん　❸ 山田さん　❹ 中村さん

❺ パクさん　❻ チェさん　❼ イさん　❽ アンさん

19 今、何をしていますか　　061

話してみよう

02 다음 예 와 같이 말해 보세요.

예 約束を忘れる

A: どうしたんですか。
B: 約束を忘れてしまいました。

❶ 財布をなくす

❷ 会社に遅れる

❸ 5キロ太る

❹ お金をたくさん使う

❺ 友だちとけんかをする

約束 약속	忘れる 잊어버리다	どうしたんですか 무슨 일입니까?/왜 그러세요?
財布 지갑	なくす 잃어버리다	～に遅れる ～에 늦다	太る 살찌다
お金 돈	たくさん 많이	使う 사용하다	けんか 싸움

聞いてみよう

들어보자

Track 21

01 다음을 듣고 해당하는 번호를 고르세요.

예	❶	❷	❸	❹	❺	❻
アンさん	パクさん	佐藤さん	山田さん	鈴木さん	チェさん	イさん
d						

公園

19 今、何をしていますか

20

写真を見てもいいですか。
しゃ しん

사진을 봐도 됩니까?

ポイント

1. このいすを借りてもいいですか。
2. 店の前に車を止めてはいけません。
3. バスに乗って、会社へ行きます。

高校 고등학교	とき 때	
笑う 웃다	全然 전혀	違う 다르다
本当に 정말로	～より ～보다	太る 살찌다
どうやって 어떻게 해서	やせる 마르다, 살을 빼다	毎日 매일
ジム 헬스클럽	～に通う ～에 다니다	頑張る 열심히 하다

山田: キムさん、これは何ですか。

キム: 高校のときの写真です。

山田: 見てもいいですか。

キム: ええ、でも、笑ってはいけませんよ。今とは全然違いますから。

山田: へえ、この人が本当にキムさんですか。

キム: そうですよ。高校のときは今より10キロも太っていましたから。

山田: どうやってやせましたか。

キム: 毎日ジムに通って、運動をしました。

山田: そうですか。頑張りましたね。

覚えよう　　　　　　　　　　　　　　　　　　　　오위보자

01　～てもいいです　　　　　　　　　　　　　　　-해도 됩니다

明日は休んでもいいです。　　　　　　　　내일은 쉬어도 됩니다.

このいすを借りてもいいですか。　　　　　이 의자를 빌려도 됩니까?

暑いから、エアコンをつけてもいいですか。　더우니까, 에어컨을 켜도 됩니까?

02　～てはいけません　　　　　　　　　　　　-해서는 안 됩니다

授業中におしゃべりをしてはいけません。　　수업 중에 수다를 떨어서는 안 됩니다.

日本の地下鉄でケータイを使ってはいけません。
　　　　　　　　　　　　　일본 지하철에서 휴대폰을 사용해서는 안 됩니다.

熱があるから、お風呂に入ってはいけません。
　　　　　　　　　　　　　열이 있기 때문에 목욕을 해서는 안 됩니다.

03　～て、～ます　　　　　　　　　　　　　-하고(해서) -합니다

恋人に会って、映画を見ます。　　　　　　애인을 만나서, 영화를 봅니다.

コーヒーを飲んで、勉強をします。　　　　커피를 마시고, 공부를 합니다.

バスに乗って、会社へ行きます。　　　　　버스를 타고, 회사에 갑니다.

たんご

いす 의자	借りる 빌리다	エアコン 에어컨	つける 켜다	授業中 수업 중
おしゃべりをする 수다를 떨다	熱 열	お風呂に入る 목욕을 하다	座る 앉다
連れてくる 데리고 오다	止める (차를) 세우다	隣 옆	荷物 짐	置く 놓다, 두다

話してみよう

Track 23

01 다음 예 와 같이 말해 보세요.

예 ここで写真を撮る

A: ここで写真を撮ってもいいですか。
B: はい、撮ってもいいです。
　　いいえ、撮ってはいけません。

❶ 明日、会社を休む

❷ ここに座る

❸ 友だちを連れてくる

❹ 店の前に車を止める

❺ 隣に荷物を置く

話してみよう

02 다음 예 와 같이 말해 보세요.

私の一日(いちにち)

예 A: 朝7時に起きて、何をしますか。
　　B: 顔を洗って、朝ごはんを食べます。

朝7時に起きる →	顔を洗う →	朝ごはんを食べる →	新聞を読む →	歯を磨く
→ 服を着る	うちを出る →	駅まで歩く →	地下鉄に乗る →	学校へ行く
→ 勉強をする	先生と話す →	昼ごはんを食べる →	運動をする →	友だちと遊ぶ
うちへ帰る	テレビを見る →	晩ごはんを食べる →	お茶を飲む →	シャワーを浴びる
宿題をする →	恋人に電話をかける →	夜12時に寝る		

朝(あさ) 아침	顔(かお) 얼굴	洗(あら)う 씻다	朝(あさ)ごはん 아침밥	歯(は) 이, 이빨
磨(みが)く 닦다	服(ふく) 옷	着(き)る 입다	出(で)る 나오다, 나가다	歩(ある)く 걷다
昼(ひる)ごはん 점심밥	晩(ばん)ごはん 저녁밥	お茶(ちゃ) 차	シャワーを浴(あ)びる 샤워를 하다	宿題(しゅくだい) 숙제

聞いてみよう

Track 24

01 다음을 듣고 맞는 것에 O표 하세요.

	O	X
예		O
❶		
❷		
❸		
❹		
❺		
❻		

21

北海道(ほっかいどう)に行ったことがありますか。

훗카이도에 간 적이 있습니까?

ポイント

1. た형 익히기
2. 日本に行っ<u>たことがあります</u>。

来週(らいしゅう) 다음 주	~で ~으로	北海道(ほっかいどう) 훗카이도(북해도)		
まだ 아직	たくさん 많은	ビール 맥주	カニ 게	
お土産(みやげ) 선물	~がほしい ~을/를 원한다		チョコレート 초콜릿	頼(たの)む 부탁하다

キム: 来週の月曜日から仕事で北海道に行きます。
山田さんは北海道に行ったことがありますか。

山田: いいえ、まだ行ったことがありません。
北海道はおいしいものがたくさんありますから、
行きたいです。

キム: 北海道は何が有名ですか。

山田: 北海道はビールとカニが有名です。

キム: そうですか。お土産は何がほしいですか。

山田: 北海道はチョコレートがおいしいから、
頼んでもいいですか。

キム: じゃあ、お土産はチョコレートですね。

覚えよう

01 ～た形(과거형) －했다

		기본형	て형	た형
1그룹동사	く → いた	お 置く	お 置いて	お 置いた
	ぐ → いだ	およ 泳ぐ	およ 泳いで	およ 泳いだ
	す → した	はな 話す	はな 話して	はな 話した
	う、つ、る → った	か 買う	か 買って	か 買った
		ま 待つ	ま 待って	ま 待った
		つく 作る	つく 作って	つく 作った
	ぬ、ぶ、む → んだ	し 死ぬ	し 死んで	し 死んだ
		よ 呼ぶ	よ 呼んで	よ 呼んだ
		やす 休む	やす 休んで	やす 休んだ
	예외	い 行く	い 行って	い 行った
2그룹동사	る + た	き 着る	き 着て	き 着た
		み 見せる	み 見せて	み 見せた
3그룹동사		く 来る	き 来て	き 来た
		する	して	した

02　~たことがある　　　　　　　　　　　　　　　　　　　　　-한 적이 있다

スキーをしたことがあります。　　　　　　　　스키를 타 본 적이 있습니다.

着物を着たことがありますか。　　　　　　　기모노를 입어 본 적이 있습니까?

フランス語を習ったことがありません。　　　프랑스어를 배워 본 적이 없습니다.

置く 놓다, 두다　　　呼ぶ 부르다　　　着る 입다　　　見せる 보여주다
着物 기모노　　　　習う 배우다

話してみよう

01 다음 예와 같이 말해 보세요.

예 日本人と話す

A: 日本人と話したことある。
B: うん、ある。
　　ううん、ない。

예문해석
A: 일본인과 말해본 적 있어?
B: 응, 있어.
　　아니, 없어.

❶

まつりを見る

❷

日本のラーメンを食べる

❸

お金を拾う

❹

授業をサボる

❺

友だちとけんかをする

まつり 축제	ラーメン 라면	拾う 줍다	授業 수업	サボる 땡땡이치다
けんか 싸움	アルバイト 아르바이트	レストラン 레스토랑	外国 외국	〜に住む 〜에 살다
イギリス 영국	芸能人 연예인	先週 지난주	作る 만들다	かつどん 가쯔동
海外旅行 해외 여행		誰 누구	家族 가족	出る 나오다, 나가다
番組 방송 프로그램		クイズ番組 퀴즈 방송		

02 다음 예와 같이 말해 보세요.

예 アルバイトをする / どこでする / レストラン

A: アルバイトをしたことがありますか。
B: はい、(したことが)あります。
A: どこでしましたか。
B: レストランでしました。

❶ 外国に住む / どこに住む / イギリス

❷ 芸能人に会う / いつ会う / 先週

❸ 日本料理を作る / 何を作る / かつどん

❹ 海外旅行に行く / 誰と行く / 家族

❺ テレビに出る / どんな番組に出る / クイズ番組

21 北海道に行ったことがありますか

聞いてみよう

Track 27

01 다음을 듣고 맞는 것에 O표를 하세요.

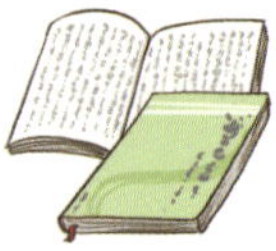

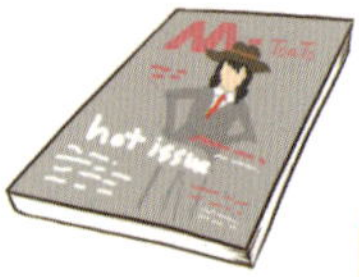

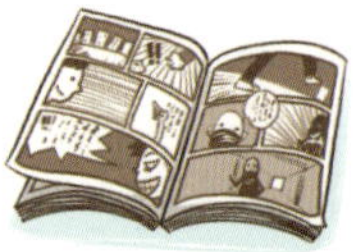

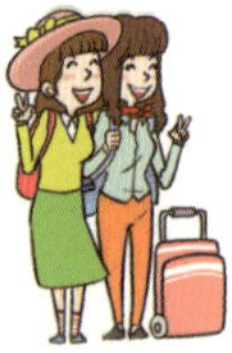

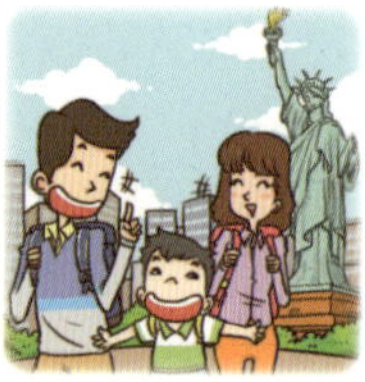

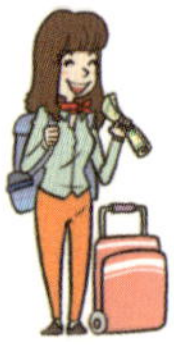

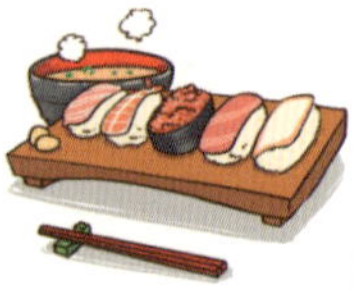

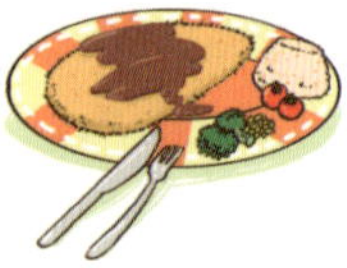

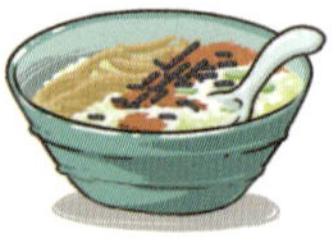

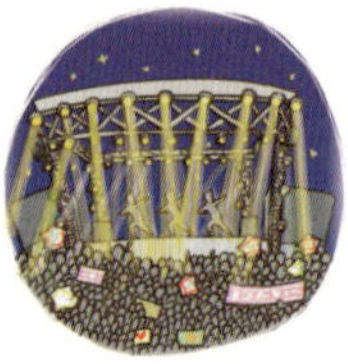

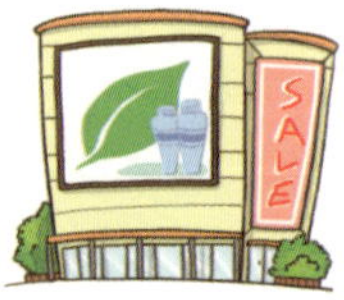

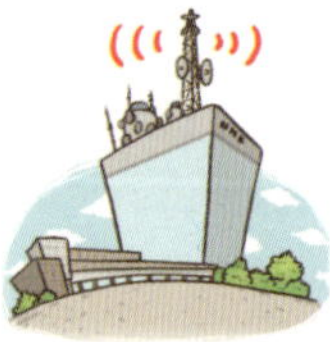

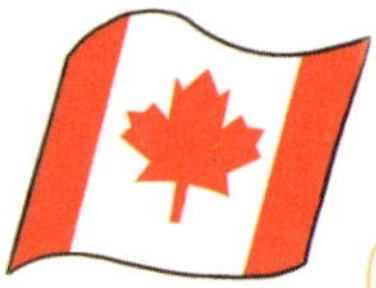

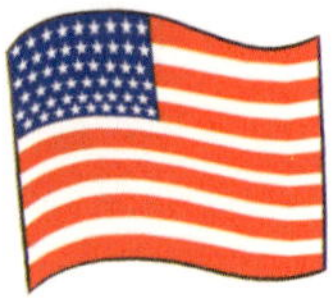

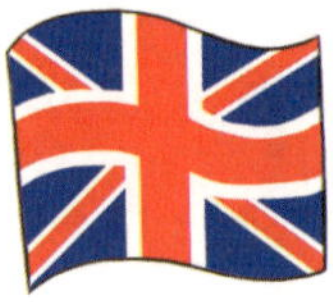

読んでみよう ③

읽어보자

みほさん、お元気ですか。
私は元気ですが、最近、太ってしまいましたから、今ダイエットをしています。
でも、なかなかやせませんから、心配です。
ダイエットの時は、朝と昼は食べてもいいですが、夜遅く食べてはいけません。
でも、ときどき夜遅く食べてしまいます。
昨日も友だちが遊びに来たから、一緒にビールを飲みながら、チキンを食べてしまいました。
それで、今日はジムに行って、頑張って運動をしました。
ダイエットは前もしたことがありますが、失敗してしまいました。
でも、今度は必ずダイエットをして、海へ遊びに行きたいです。
みほさん、今年の夏は一緒に海へ遊びに行きましょうね。

まりより

★ 위의 내용과 맞으면 O표, 틀리면 X표를 하세요.

❶ まりさんは今年の夏、海へ行きたくて、今ダイエットをしています。(　)

❷ まりさんは今日、友だちとビールをも飲みながら、チキンを食べました。(　)

❸ まりさんはダイエットをしてやせたことがあります。(　)

最近 최근　　太る 살찌다　　ダイエット 다이어트　　なかなか 좀처럼　　やせる 살빼다, 마르다
心配だ 걱정이다　　昼 낮　　ときどき 때때로　　頑張る 열심히 하다　　失敗する 실패하다
今度 이번　　必ず 반드시　　今年 올해

21 北海道に行ったことがありますか

22

花火を見たり、まつりに行ったりしました。
불꽃놀이를 보거나 축제에 가거나 했습니다.

ポイント

❶ 眠い時はコーヒーを飲んだり、顔を洗ったりします。

❷ テストは昨日終わったばかりです。

先週末 지난 주말
久しぶりに 오랜만에　　うらやましい 부럽다
花火 불꽃놀이　　ゆかた 유카타(여름에 입는 전통옷)
着る 입다　　まつり 축제(마쯔리)　　ごろごろする 빈둥빈둥거리다
ずっと 계속, 쭉　　いる 있다　　大変だ 힘들다　　終わる 끝나다

キム: 山田さん、先週末は何をしましたか。

山田: 久しぶりに日本に帰りました。
とても楽しかったです。

キム: うらやましいですね。日本に行って何をしましたか。

山田: 夏ですから、花火を見たり、ゆかたを着てまつりに行ったりしました。
キムさんは何をしましたか。

キム: 私はうちでごろごろしたり、テレビを見たりしました。

山田: ずっと、うちにいましたか。

キム: はい、大変な仕事が終わったばかりですから、ずっとうちで休みました。

覚えよう

오위어보자

01 ～たり～たりする　　　　　　　　　　　　　　－하거나 －하거나 한다

週末は友だちとごはんを食べたり、買い物をしたりします。
주말은 친구와 밥을 먹거나, 쇼핑을 하거나 합니다.

眠い時はコーヒーを飲んだり、顔を洗ったりします。
졸릴 때는 커피를 마시거나, 세수를 하거나 합니다.

夏休みは旅行に行ったり、プールで泳いだりしました。
여름휴가는 여행을 가거나, 풀장에서 수영하거나 했습니다.

02 ～たばかりだ　　　　　　　　　　　　막 －했다 / －한 지 얼마 안됐다

テストは昨日終わったばかりです。　　　시험은 어제 막 끝났습니다.

このパソコンは先週買ったばかりです。　　이 컴퓨터는 지난주에 막 샀습니다.

鈴木さんは韓国に来たばかりですから、韓国語が上手じゃありません。
스즈끼 씨는 한국에 온 지 얼마 안됐기 때문에 한국어를 잘 못합니다.

眠い 졸리다	時 때	顔 얼굴	洗う 씻다	夏休み 여름휴가
終わる 끝나다	おしゃべりをする 수다를 떨다	日記 일기	メール 메일
送る 보내다	昼寝をする 낮잠을 자다	休みの日 쉬는 날	山 산
～に登る ～에 오르다

話してみよう

Track 29

01 다음 예와 같이 말해 보세요.

예 恋人と映画を見る / 買い物をする
A: 週末は何をしますか。
B: 恋人と映画を見たり、買い物をしたりします。

❶ 友だちとおしゃべりをする / 雑誌を読む
A: 暇な時は何をしますか。
B:

❷ 日記を書く / 友だちにメールを送る
A: 夜は何をしますか。
B:

❸ 昼寝をする / 料理を作る
A: 休みの日は何をしますか。
B:

❹ 犬と遊ぶ / 友だちに会う
A: 昨日は何をしましたか。
B:

❺ ジムに行く / 山に登る
A: 夏休みに何をしましたか。
B:

22 花火を見たり、まつりに行ったりしました

話してみよう

02 다음 예 와 같이 말해 보세요.

예　そうじをする ／ さっき、そうじをする ／ 部屋がきれいだ

A: いつ、そうじをしましたか。
B: さっき、そうじをしたばかりですから、部屋がきれいです。

❶ 日本語を始める ／ 先月、始める ／ まだ下手だ

❷ 昼ごはんを食べる ／ さっき、食べる ／ おなかがいっぱいだ

❸ この車を買う ／ 去年、買う ／ まだ新しい

❹ 会社に入る ／ 3ヵ月前に入る ／ 毎日忙しい

❺ 韓国に来る ／ 半年前に来る ／ まだ韓国語が難しい

そうじ 청소	さっき 조금 전, 아까	部屋 방	始める 시작하다
先月 지난 달	おなかがいっぱいだ 배가 부르다	去年 작년	～ヵ月 ～개월
半年 반년			

聞いてみよう

Track 30

01 다음을 듣고 예 처럼 맞는 것을 찾아 번호를 써 넣으세요.

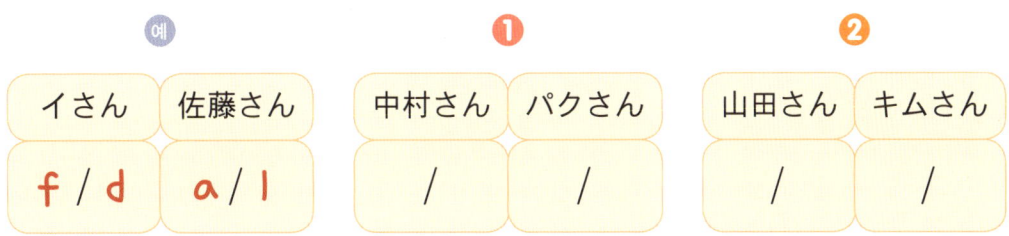

예		❶		❷	
イさん	佐藤さん	中村さん	パクさん	山田さん	キムさん
f / d	a / l	/	/	/	/

22 花火を見たり、まつりに行ったりしました

23

パソコンは使(つか)わないでください。

컴퓨터는 사용하지 마세요.

ポイント

1. **ない형** 익히기
2. **형용사의 부사형** 익히기
3. 店(みせ)の前(まえ)にごみを捨(す)て**ないでください**。

作文(さくぶん) 작문　テーマ 테마
生活(せいかつ) 생활　短(みじか)い 짧다　だめだ 안 된다
いろいろだ 여러 가지이다　単語(たんご) 단어
使(つか)う 사용하다　長(なが)く 길게　字(じ) 글씨　汚(きたな)い 더럽다, 잘 못하다
ペン 펜　辞書(じしょ) 사전　ゆっくり 천천히　きれいに 깨끗하게, 깔끔하게

先生: 今日は韓国語で作文を書きましょう。
テーマは「韓国での生活」です。

山田: 短い作文はだめですか。

先生: はい、いろいろな単語を使って、
長く書いてください。

山田: 字が汚いですから、パソコンを使っても
いいですか。

先生: いいえ、パソコンは使わないでください。
ペンで書いてください。

山田: 辞書を見てもいいですか。

先生: はい、辞書は見てもいいです。
ゆっくり書いてもいいですから、きれいに
書いてください。

覚えよう

01 ～ない형(부정형)　　　−하지 않는다

		기본형	ない형
1그룹동사	어미 あ단 + ない (예외 う → わ)	行く	行かない
		急ぐ	急がない
		なくす	なくさない
		待つ	待たない
		死ぬ	死なない
		呼ぶ	呼ばない
		飲む	飲まない
		座る	座らない
	예외	使う	使わない
	***	ある	ない
2그룹동사	る + ない	借りる	借りない
		捨てる	捨てない
		忘れる	忘れない
3그룹동사		来る	来ない
		する	しない

02 ～ないでください　　　　　　　　　　　　　　　　　　　　－하지 마세요

教室の中で、タバコを吸わないでください。　　　교실 안에서 담배를 피우지 마세요.

店の前にごみを捨てないでください。　　　　　　가게 앞에 쓰레기를 버리지 마세요.

風邪だから、無理をしないでください。　　　　　감기니까, 무리를 하지 마세요.

03 형용사의 부사형　　　　　　　　　　　　　　　　　　　　　　　　－하게

> い형용사 : 어간 (い) + く
>
> な형용사 : 어간 (だ) + に

毎日、早く起きます。　　　　　　　　　　　　　매일 일찍 일어납니다.

見えないから、大きく書いてください。　　　　　안 보이니까, 크게 써 주세요.

図書館では静かにしてください。　　　　　　　　도서관에서는 조용히 해 주세요.

部屋をきれいにそうじしました。　　　　　　　　방을 깨끗하게 청소했습니다.

座る 앉다	借りる 빌리다	捨てる 버리다	忘れる 잊어버리다
教室 교실	タバコ 담배	吸う (담배를) 피우다	ごみ 쓰레기
風邪 감기	無理 무리	見える 보이다	

 話してみよう

01 다음 예 와 같이 말해 보세요.

예 **毎日、テレビ、見る**

A: 毎日、テレビ、見る。
B: うん、見る。
　　ううん、見ない。

예문해석
A: 매일 텔레비전을 보니?
B: 응, 봐.
　 아니, 안 봐.

❶
コーヒー、飲む

❷
今日、友だちに会う

❸
明日、学校へ来る

❹
週末、約束、ある

❺
よく、辛い物、食べる

約束 약속	ある 있다	辛い物 매운 것	窓 창문
開ける 열다	危ない 위험하다	連れてくる 데리고 오다	嫌いだ 싫어하다
ごみ 쓰레기	捨てる 버리다	電話に出る 전화를 받다	

02 다음 예와 같이 말해 보세요.

예 窓を開ける / 寒い

A: 窓を開けてもいいですか。
B: 寒いから、窓を開けないでください。

❶ ここで遊ぶ / 危ない

❷ 犬を連れてくる / 犬が嫌いだ

❸ ごみを捨てる / 店の前だ

❹ 電話に出る / 授業中だ

❺ お風呂に入る / 熱がある

話してみよう

03 다음 예 와 같이 말해 보세요.

예 **大きい / 作る**
A: 大きく作ってください。
B: はい、わかりました。大きく作ります。

 ❶ 短い / 切る

 ❷ 早い / 学校へ来る

 ❸ きれいだ / 洗う

 ❹ 簡単だ / 話す

 ❺ 真面目だ / 勉強をする

短い 짧다   切る 자르다   早い 빠르다   洗う 씻다   簡単だ 간단하다

Track 33

01 다음을 듣고 해도 되는 것에 O표를 하세요.

예

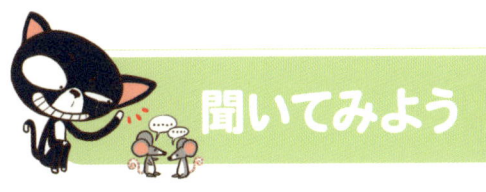

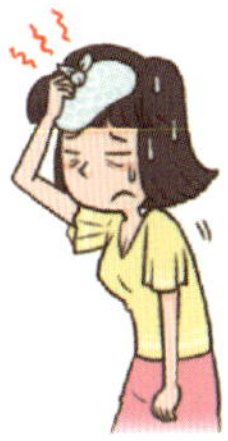

a

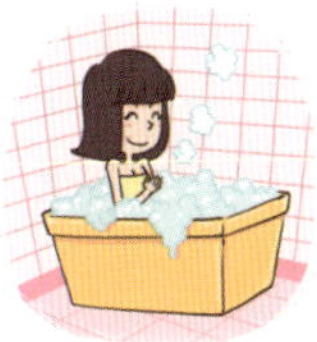

b

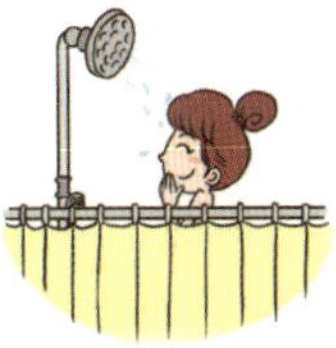

O

c

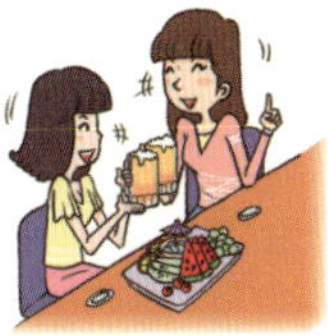

1

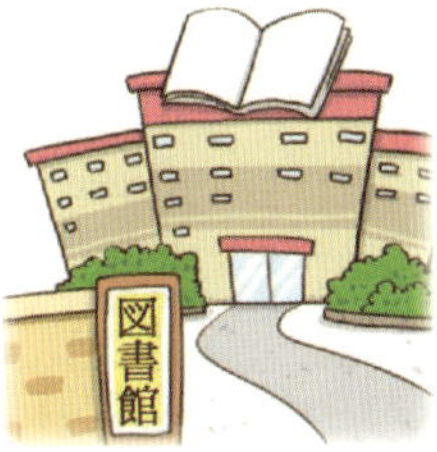

a

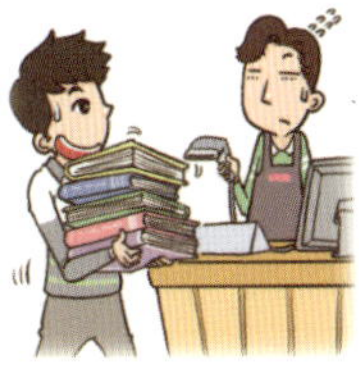

b

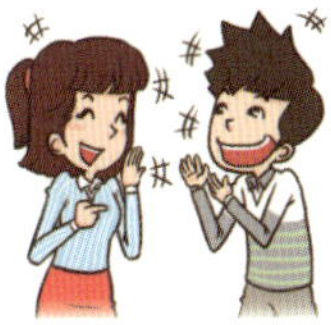

c

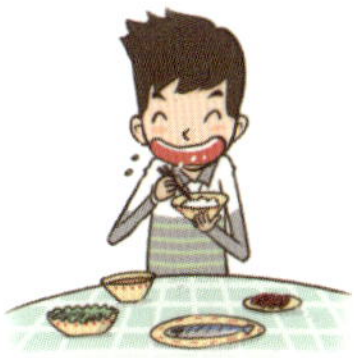

2

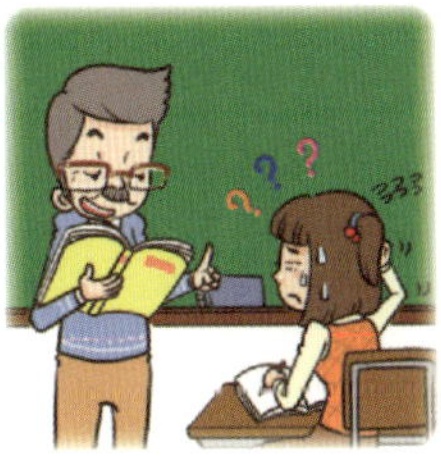

a

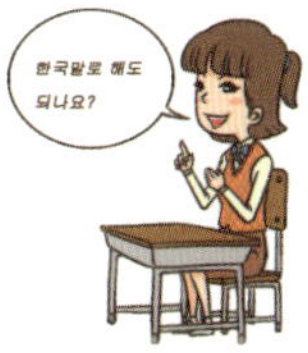

b

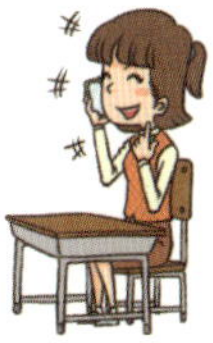

c

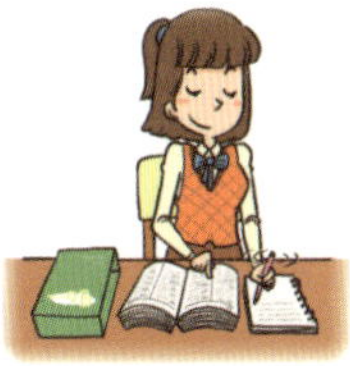

3

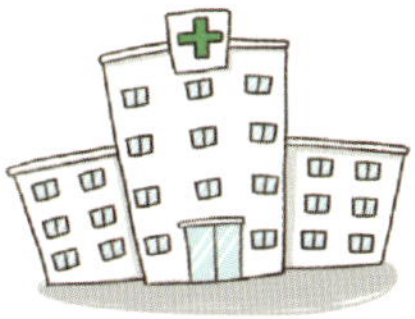

a

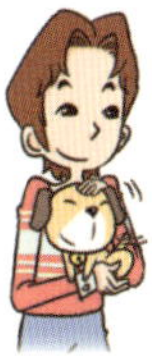

b

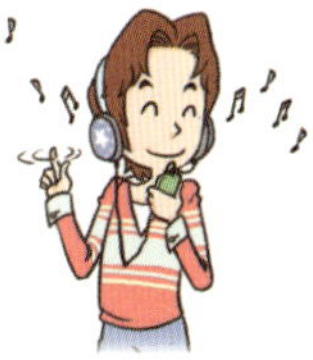

c

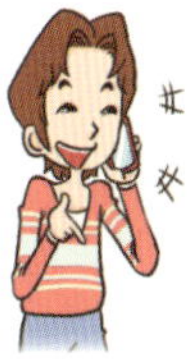

24

朝早く起きることができますか。

아침 일찍 일어날 수 있습니까?

ポイント

1. 日本語で話す<u>ことができます</u>。
2. 宿題をする<u>前に</u>、単語を覚えます。
3. ごはんを食べ<u>た後で</u>、薬を飲みます。

まだ 아직	でも 하지만	もうすぐ 이제 곧
始まる 시작되다	実は 실은	夜 밤
弱い 약하다	ぐらい 정도, 쯤	

キム: 山田さん、ごはんを食べましたか。

山田: いいえ、まだです。

キム: そうですか。
映画を見る前にパンでも食べましょうか。

山田: でも、もうすぐ始まるから、映画を見た後で
食べてもいいですよ。キムさんは食べましたか。

キム: いいえ、実は私もまだです。
私は朝早く起きることができませんから…。
山田さんは、朝早く起きることができますか。

山田: ええ、早く起きることはできますが、
夜は弱いですから、10時ぐらいに寝ます。

キム: じゃあ、夜は遊ぶことができませんね。

覚えよう

오워보자

01 기본형 + ことができる　　　　　　　　　　　　　　　　　-할 수 있다

日本語で話すことができます。　　　　　　　　일본어로 말할 수 있습니다.

車を運転することができますか。　　　　　　　차를 운전할 수 있습니까?

英語を教えることができません。　　　　　　　영어를 가르칠 수 없습니다.

02 기본형 + 前に　　　　　　　　　　　　　　　　　　　　-하기 전에

寝る前に、彼女にメールを送ります。　　　　　자기 전에 여자 친구에게 메일을 보냅니다.

野菜を切る前に、よく洗います。　　　　　　　야채를 자르기 전에 잘 씻습니다.

宿題をする前に、単語を覚えます。　　　　　　숙제를 하기 전에 단어를 외웁니다.

03 ～た後で　　　　　　　　　　　　　　　　　　　　　　-한 후에

ごはんを食べた後で、薬を飲みます。　　　　　밥을 먹은 후에 약을 먹습니다.

バスを降りた後で、電話をかけます。　　　　　버스에서 내린 후에 전화를 겁니다.

毎晩シャワーを浴びた後で、寝ます。　　　　　매일 밤 샤워를 한 후에 잡니다.

運転する 운전하다　　英語 영어　　教える 가르치다　　送る 보내다　　野菜 야채
切る 자르다　　薬を飲む 약을 먹다　　降りる 내리다　　毎晩 매일 밤
シャワーを浴びる 샤워를 하다　　自転車 자전거　　弾く 치다, 연주하다　　毎朝 매일 아침

話してみよう

01 다음 예와 같이 말해 보세요.

예 漢字を読む

A: 漢字を読むことができますか。
B: はい、(読むことが)できます。
　　いいえ、(読むことが)できません。

❶ 自転車に乗る

❷ ピアノを弾く

❸ 毎朝5時に起きる

❹ 英語を教える

❺ 車を運転する

 話してみよう

02 다음 예와 같이 말해 보세요.

예 ごはんを食べる / 手を洗う
A: ごはんを食べる前に何をしますか。
B: ごはんを食べる前に、手を洗います。

  ❶ 寝る / 歯を磨く

  ❷ デートに行く / 化粧をする

  ❸ 部屋に入る / くつを脱ぐ

  ❹ 留学する / 日本語を習う

  ❺ うちに帰る / 宿題を出す

手 손　　歯 이, 이빨　　磨く 닦다　　デート 데이트　　化粧 화장
くつ 구두　　脱ぐ 벗다　　留学する 유학가다　　出す 내다, 제출하다

03 다음 예와 같이 말해 보세요.

예 コーヒーを飲む / 勉強をする
A: コーヒーを飲んだ後で、何をしますか。
B: コーヒーを飲んだ後で、勉強をします。

❶ 運動をする / シャワーを浴びる

❷ うちに帰る / 単語を覚える

❸ レポートを書く / メールで送る

❹ 授業が終わる / 質問をする

❺ 会社を辞める / 大学院に入る

シャワーを浴びる 샤워를 하다　　送る 보내다　　授業 수업　　終わる 끝나다
質問 질문　　辞める 그만두다　　大学院 대학원

24 朝早く起きることができますか　　097

聞いてみよう

Track 36

01 다음을 듣고 할 수 있는 것에 O표를 하세요.

	田中	パク
예	O	O
①		
②		
③		

読んでみよう ④

東京スポーツジム

みなさん、最近運動していますか。
このスポーツジムでは、走ったり、泳いだり、踊ったり、いろいろな運動ができます。
音楽を聞いたり、テレビを見たりしながら楽しく運動することもできます。
運動する前にトレーナーと相談することもできます。
サウナができたばかりですから、運動した後で、サウナに入ることもできますよ。
さぁ、あなたも今日から一緒に運動しませんか。

> ※ 注意
> 1. ジムの中では食べ物を食べないでください。
>   飲み物は飲んでもいいです。
> 2. ペットは連れてこないでください。
> 3. ジムの中でタバコを吸ってはいけません。
>   タバコは外に出て吸ってください。
> 4. 毎週水曜日は休みです。

★ 위의 내용과 맞으면 O표, 틀리면 X표를 하세요.

❶ このジムでは、毎日運動することができます。(   )

❷ ジムの中でジュースを飲んではいけません。(   )

❸ ジムの中では、タバコを吸うことができません。(   )

楽しく 즐겁게	トレーナー 트레이너	相談する 상담하다	サウナ 사우나
できる 생기다	注意 주의	食べ物 먹을 것	飲み物 음료수
ペット 애완동물	外 밖	吸う (담배를) 피우다	

13 회화문

김민수: 야마다 씨, 여름 휴가는 어땠습니까?

야마다: 여행이 즐거웠습니다.

김민수: 그렇습니까?
여행은 언제부터 언제까지였습니까?

야마다: 7월 29일부터 8월 4일까지였습니다.
좋은 날씨였습니다만, 아주 더웠습니다.

김민수: 호텔은 어땠습니까?

야마다: 그다지 싸지 않았습니다만,
요리도 맛있고, 방도 깨끗했습니다.

14 회화문

야마다: 김민수 씨, 이번 주말은 뭐 하세요?

김민수: 친구를 만납니다.
그리고 나서 노래방에 갈 겁니다.

야마다: 자주 노래방에 가세요?

김민수: 예, 노래를 좋아하기 때문에, 자주 갑니다.
아주 즐겁습니다. 야마다 씨는 뭐 하세요?

야마다: 도서관에 갑니다.

김민수: 자주 도서관에 갑니까?

야마다: 아니오, 별로 안 갑니다. 하지만, 다음 주부터 시험이기 때문에, 도서관에서 공부할 겁니다.

15 회화문

김민수: 야마다 씨, 어제는 무엇을 했습니까?

야마다: 친구와 백화점에서 쇼핑을 했습니다.

김민수: 좋네요. 무엇을 샀습니까?

야마다: 구두와 지갑을 샀습니다.
그리고 나서 친구와 함께 밥을 먹었습니다.

김민수: 그렇습니까? 무엇을 먹었습니까?

야마다: 김치찌개를 먹었습니다.
조금 매웠지만, 아주 맛있고 좋았습니다.

16 회화문

김민수: 야마다 씨, 다음 주 월요일은 다나까 씨의 생일이네요.

야마다: 그렇네요. 선물은 샀습니까?

김민수: 아니오. 아직입니다. 이제부터 사러 갈겁니다.

야마다: 그렇습니까?
저도 아직이니까, 함께 쇼핑하러 가지 않겠습니까?

김민수: 예, 어디에서, 몇 시에 만날까요?

야마다: 학교 앞에서 4시는 어때요?

김민수: 예, 그렇게 합시다. 무엇을 살까요?

야마다: 다나까 씨는 한국 드라마를 좋아하니까, 드라마 DVD는 어떨까요?

김민수: 좋네요. 그렇게 합시다.

17 회화문

김민수: 어제는 무엇을 했습니까?

야마다: 친구와 저녁을 먹으면서, 수다를 떨었습니다.
아주 즐거웠습니다.

김민수: 좋네요. 나도 맛있는 것이 먹고 싶습니다.

야마다: 그러면, 오늘 함께 가지 않을래요?
좋은 가게가 있으니까.

김민수: 정말로 가고 싶습니다만, 오늘도 일이 많아서…….

야마다: 오늘은 토요일이에요. 오늘도 회사에 갑니까?

김민수: 예, 요즘 아주 바빠서, 토요일도 일이 있습니다.
나도 휴가를 갖고 싶습니다.

18 회화문

야마다: 김민수 씨, 이번 주 토요일, 시간이 있나요?

김민수: 예, 한가합니다. 왜요?

야마다: 토요일 3시부터 우리 집에서 생일 파티를 합니다.
김민수 씨도 놀러 오세요.

김민수: 감사합니다. 야마다 씨의 집은 어떻게 갑니까?

야마다: 대학교 옆에 있어요.
2호선 지하철을 타고, 3번째 역에서 내리세요.
그리고 나서 역에서 전화하세요.

김민수: 예, 알겠습니다. 기대되네요.

19 회화문

김민수: 여보세요. 야마다 씨, 지금 무엇을 하고 있습니까?
야마다: 집에서 쉬고 있습니다.
김민수: 지금부터 함께 술 마시러 가지 않을래요?
야마다: 술이요? 뭔가 있었습니까?
김민수: 실은 여자 친구와 싸움을 하고 말았어요.
야마다: 에? 왜요?
김민수: 바빠서, 여자 친구 생일을 잊어버리고 말았기 때문에……
야마다: 심하네요. 그것은 김민수 씨가 나쁘네요. 빨리 여자 친구에게 사과하세요.

20 회화문

야마다: 김민수 씨, 이것은 무엇입니까?
김민수: 고등학교 때의 사진입니다.
야마다: 봐도 됩니까?
김민수: 예, 하지만 웃으면 안 됩니다. 지금과는 전혀 다르기 때문에.
야마다: 에~, 이 사람이 정말로 김민수 씨입니까?
김민수: 그렇습니다. 고등학교 때는 지금보다 10킬로그램이나 살쪘기 때문에.
야마다: 어떻게 살을 뺐나요?
김민수: 매일 헬스클럽에 다니고, 운동을 했습니다.
야마다: 그렇습니까? 열심히 했군요.

21 회화문

김민수: 다음 주 월요일부터 일때문에 홋카이도(북해노)에 갑니다. 야마다 씨는 홋카이도(북해도)에 간 적이 있습니까?
야마다: 아니오, 아직 간 적이 없습니다. 홋카이도는 맛있는 것이 많기 때문에 가고 싶습니다.
김민수: 홋카이도는 무엇이 유명합니까?
야마다: 홋카이도는 맥주와 게가 유명합니다
김민수: 그렇습니까? 선물은 무엇을 갖고 싶습니까?
야마다: 홋카이도는 초콜릿이 맛있기 때문에, 부탁해도 됩니까?
김민수: 그러면, 선물은 초콜릿이네요.

22 회화문

김민수: 야마다 씨, 지난 주말에는 무엇을 했습니까?
야마다: 오랜만에 일본에 갔습니다. 아주 즐거웠습니다.
김민수: 부럽네요, 일본에 가서 무엇을 했습니까?
야마다: 여름이니까, 불꽃놀이를 보거나, 유가타를 입고 축제(마쯔리)에 가거나 했습니다. 김민수 씨는 무엇을 했습니까?
김민수: 저는 집에서 빈둥빈둥거리거나, 텔레비전을 보거나 했습니다.
야마다: 계속 집에 있었습니까?
김민수: 예, 힘든 일이 막 끝났기 때문에, 계속 집에서 쉬었습니다.

23 회화문

선생님: 오늘은 한국어로 작문을 써 봅시다. 테마는 [한국에서의 생활]입니다.
야마다: 짧은 작문은 안 됩니까?
선생님: 예, 여러 가지 단어를 사용해서, 길게 써 주세요.
야마다: 글씨가 예쁘지 않기 때문에, 컴퓨터를 사용해도 됩니까?
선생님: 아니오, 컴퓨터는 사용하지 마세요. 펜으로 쓰세요.
야마다: 사전을 봐도 됩니까?
선생님: 예, 사전은 봐도 됩니다. 천천히 써도 좋으니까, 깔끔하게 써 주세요.

24 회화문

김민수: 야마다 씨, 밥을 먹었습니까?
야마다: 아니오, 아직입니다.
김민수: 그렇습니까? 영화를 보기 전에 빵이라도 먹을까요?
야마다: 하지만, 이제 곧 시작되니까, 영화를 본 후에 먹어도 됩니다. 김민수 씨는 먹었습니까?
김민수: 아니오, 실은 저도 아직입니다. 저는 아침에 일찍 일어날 수 없기 때문에……. 야마다 씨는 아침 일찍 일어날 수 있습니까?
야마다: 예, 일찍 일어날 수는 있습니다만, 밤에 약하기 때문에, 10시 정도에 잡니다.
김민수: 그러면 밤에는 놀 수 없겠네요.

해석

읽어보자 ①

9월 1일 (토) 맑음 ♪

나는 오늘 역 앞의 백화점에 갔습니다.
거기에서 요시꼬 씨의 생일 선물을 샀습니다.
오늘은 토요일이었기 때문에, 사람이 정말로 많고 북적거렸습니다.
나는 우선 2층에서 시계를 봤습니다.
하지만 좋은 시계가 없었기 때문에 사지 않았습니다.
그리고 나서 1층에서 가방을 봤습니다.
요시꼬 씨가 좋아하는 빨갛고 귀여운 가방이 있었습니다.
조금 비쌌지만, 그것을 샀습니다.
내일은 요시꼬 씨의 생일입니다.
내일 파티가 기대됩니다.

★ 확인하기 정답 ❶ ○ ❷ X ❸ X

읽어보자 ②

처음 뵙겠습니다. 저는 다나카 미호입니다.
20살이고, 대학교 1학년입니다.
한국에서 한국어를 공부하는 중입니다.
한국을 아주 좋아하기 때문에, 한국 드라마를 자주 봅니다.
그리고 한국 아이돌을 좋아해서 지금 노래도 연습하는 중입니다.
하지만 한국어를 그다지 잘하지 못해서 아직 어렵습니다.
저는 한국어를 좀 더 공부하고 싶습니다.
한국인 친구가 없기 때문에 친구가 있으면 좋겠습니다.
한국인 여러분, 저와 일본어와 한국어로 이야기하지 않을래요?
함께 전화로 이야기하면서 공부합시다.
아래의 전화번호로 전화해 주세요. 잘 부탁합니다.

☎ 010-2345-6789

★ 확인하기 정답 ❶ X ❷ X ❸ ○

읽어보자 ③

미호 씨 잘 지내세요?
저는 잘 지냅니다만, 최근에 살이 쪄서 지금 다이어트를 하고 있습니다.
하지만, 좀처럼 살이 빠지지 않아서 걱정입니다.
다이어트 때는 아침과 낮에는 먹어도 되지만, 밤 늦게 먹어서는 안 됩니다.
하지만 때때로 밤 늦게 먹고 맙니다.
어제도 친구가 놀러 왔기 때문에, 함께 맥주를 마시면서 치킨을 먹고 말았습니다.
그래서 오늘은 헬스클럽에 가서, 열심히 운동을 했습니다.
다이어트는 전에도 한 적이 있습니다만, 실패하고 말았습니다.
하지만 이번에는 반드시 다이어트를 해서 바다에 놀러 가고 싶습니다.
미호 씨, 올 여름에는 함께 바다에 놀러 갑시다.

마리로부터

★ 확인하기 정답 ❶ ○ ❷ X ❸ X

읽어보자 ④

동경 헬스클럽

여러분, 요즘 운동하고 있습니까?
저희 헬스클럽에서는 뛰기도 하고, 수영도 하고, 춤도 추는 여러 가지 운동을 할 수 있습니다.
음악을 듣거나, 텔레비전을 보거나 하면서 즐겁게 운동할 수 있습니다.
운동하기 전에 트레이너와 상담도 할 수 있습니다.
사우나가 생긴 지 얼마 안됐기 때문에 운동한 후에는 사우나를 할 수도 있습니다.
자, 당신도 오늘부터 함께 운동하지 않겠습니까?

※주의
1. 헬스장 안에서는 음식을 먹지 마세요.
   음료수는 마셔도 됩니다.

2. 애완동물은 데리고 오지 마세요.

3. 헬스장 안에서는 담배를 피워서는 안됩니다.
   담배는 밖에 나가서 피우세요.

4. 매주 수요일은 휴일입니다.

★ 확인하기 정답 ❶ X ❷ X ❸ ○

13 旅行は8月4日まででした。

말해보자

01

① A: 週末は忙しかったですか。
B: はい、忙しかったです。
いいえ、忙しくありませんでした。

② A: 旅行は楽しかったですか。
B: はい、楽しかったです。
いいえ、楽しくありませんでした。

③ A: その映画は怖かったですか。
B: はい、怖かったです。
いいえ、怖くありませんでした。

④ A: 今日の授業は難しかったですか。
B: はい、難しかったです。
いいえ、難しくありませんでした。

⑤ A: 昨日は天気がよかったですか。
B: はい、天気がよかったです。
いいえ、天気がよくありませんでした。

02

① A: あの店はきれいでしたか。
B: はい、きれいでした。
いいえ、きれいじゃありませんでした。

② A: 授業は簡単でしたか。
B: はい、簡単でした。
いいえ、簡単じゃありませんでした。

③ A: 昨日は雨でしたか。
B: はい、雨でした。
いいえ、雨じゃありませんでした。

④ A: 土曜日は休みでしたか。
B: はい、休みでした。
いいえ、休みじゃありませんでした。

⑤ A: 先週はテストでしたか。
B: はい、テストでした。
いいえ、テストじゃありませんでした。

03

① A: 明日は何月何日ですか。
B: 12月3日(じゅうにがつみっか)です。

② A: お正月はいつですか。
B: 1月1日(いちがつついたち)です。

③ A: お誕生日はいつですか。
B: 9月10日(くがつとおか)です。

④ A: 子どもの日はいつですか。
B: 5月5日(ごがついつか)です。

⑤ A: テストはいつからいつまでですか。
B: 11月8日(じゅういちがつようか)から、14日(じゅうよっか)までです。

⑥ A: デパートのセールはいつからいつまでですか。
B: 7月9日(しちがつここのか)から、20日(はつか)までです。

14 よくカラオケに行きますか。

들어보자

01
① 13日～20日　② 6日～10日
③ 2日～14日　④ 1日～29日

예　A：セールはいつからいつまででしたか。
　　B：8日から17日まででした。
　　A：安かったですか。
　　B：はい、とても安くてよかったです。

① A：旅行はいつからいつまででしたか。
　 B：13日から20日まででした。
　 A：楽しかったですか。
　 B：はい、とても楽しかったです。

② A：テストはいつからいつまででしたか。
　 B：6日から10日まででした。
　 A：どうでしたか。
　 B：少し難しかったです。

③ A：新しい仕事はいつからいつまででしたか。
　 B：2日から14日まででした。
　 A：どうでしたか。
　 B：新しい仕事でしたから、とても大変でした。

④ A：先月の授業はいつからいつまででしたか。
　 B：1日から29日まででした。
　 A：難しかったですか。
　 B：いいえ、易しくて、
　　　とてもおもしろかったです。

말해보자

01
① A：よく友だちと話しますか。
　 B：はい、話します。
　　 いいえ、話しません。

② A：よくプールで泳ぎますか。
　 B：はい、泳ぎます。
　　 いいえ、泳ぎません。

③ A：よくタクシーに乗りますか。
　 B：はい、乗ります。
　　 いいえ、乗りません。

④ A：よく日本料理を食べますか。
　 B：はい、食べます。
　　 いいえ、食べません。

⑤ A：よくこのレストランに来ますか。
　 B：はい、来ます。
　　 いいえ、来ません。

들어보자

01
① ⑤ → ⑧ → ① → ⑨ → ③ → ④ → ⑦ → ⑥

私は今日2時まで図書館でレポートを書きます。
友だちに会います。コーヒーを飲みます。
映画を見ます。地下鉄に乗ります。
うちに帰ります。お風呂に入ります。
恋人に電話をかけます。

15 昨日は何をしましたか。

말해보자

01

① A : 昨日、恋人に会いましたか。
　B : はい、会いました。
　　　いいえ、会いませんでした。

② A : 昨日、早く寝ましたか。
　B : はい、早く寝ました。
　　　いいえ、早く寝ませんでした。

③ A : 昨日、料理を作りましたか。
　B : はい、作りました。
　　　いいえ、作りませんでした。

④ A : 昨日、日本語の勉強をしましたか。
　B : はい、しました。
　　　いいえ、しませんでした。

⑤ A : 昨日、友だちに電話をかけましたか。
　B : はい、かけました。
　　　いいえ、かけませんでした。

02

① A : 昨日、テレビを見ましたか。
　B : いいえ、見ませんでした。
　A : どうして見ませんでしたか。
　B : 忙しかったですから、見ませんでした。

② A : 昨日、早く帰りましたか。
　B : いいえ、早く帰りませんでした。
　A : どうして早く帰りませんでしたか。
　B : 仕事が多かったですから、
　　　早く帰りませんでした。

③ A : 昨日、友だちと遊びましたか。
　B : いいえ、遊びませんでした。
　A : どうして遊びませんでしたか。
　B : アルバイトが大変でしたから、
　　　遊びませんでした。

④ A : 昨日、早く起きましたか。
　B : いいえ、早く起きませんでした。
　A : どうして早く起きませんでしたか。
　B : 日曜日でしたから、早く起きませんでした。

들어보자

01

① c / h　② d / i　③ b / g

예 A : 土曜日は何をしましたか。
　B : 友だちとごはんを食べました。
　　　それから、映画を見ました。

① A : 夜は何をしましたか。
　B : お風呂に入りました。
　　　それから、日本語の勉強をしました。

② A : 昨日は何をしましたか。
　B : うちで本を読みました。
　　　それから、料理を作りました。

③ A : 週末は何をしましたか。
　B : プールで泳ぎました。
　　　それから、友だちと遊びました。

16 一緒に買い物に行きませんか。

말해보자

01

① A : 一緒に、海で泳ぎませんか。
　　B : いいですね。泳ぎましょう。
　　　　すみません。
　　　　天気が悪いですから、ちょっと…。

② A : 一緒に、お酒を飲みませんか。
　　B : いいですね。飲みましょう。
　　　　すみません。
　　　　仕事が多いですから、ちょっと…。

③ A : 一緒に、映画を見ませんか。
　　B : いいですね。見ましょう。
　　　　すみません。
　　　　宿題が大変ですから、ちょっと…。

④ A : 一緒に、歌を歌いませんか。
　　B : いいですね。歌いましょう。
　　　　すみません。
　　　　歌が下手ですから、ちょっと…。

⑤ A : 一緒に、ゲームをしませんか。
　　B : いいですね。しましょう。
　　　　すみません。
　　　　明日、テストですから、ちょっと…。

02

① A : 昨日、どこへ行きましたか。
　　B : 友だちのうちへ行きました。
　　A : 何をしに行きましたか。
　　B : 勉強をしに行きました。

② A : 昨日、どこへ行きましたか。
　　B : 学校へ行きました。
　　A : 何をしに行きましたか。
　　B : 先生に会いに行きました。

③ A : 昨日、どこへ行きましたか。
　　B : ジムへ行きました。
　　A : 何をしに行きましたか。
　　B : 運動に行きました。

④ A : 昨日、どこへ行きましたか。
　　B : デパートへ行きました。
　　A : 何をしに行きましたか。
　　B : 買い物に行きました。

⑤ A : 昨日、どこへ行きましたか。
　　B : 公園へ行きました。
　　A : 何をしに行きましたか。
　　B : 散歩に行きました。

03

① A : 明日、一緒に勉強をしに行きませんか。
　　B : いいですね。どこでしましょうか。
　　A : 図書館はどうですか。
　　B : いいですね。そうしましょう。

② A : 明日、一緒にお酒を飲みに行きませんか。
　　B : いいですね。何を飲みましょうか。
　　A : ワインはどうですか。
　　B : いいですね。そうしましょう。

③ A : 明日、一緒にスキーに行きませんか。
　　B : いいですね。何時に会いましょうか。
　　A : 朝9時はどうですか。
　　B : いいですね。そうしましょう。

④ A：明日、一緒に買い物に行きませんか。
B：いいですね。どこへ行きましょうか。
A：デパートはどうですか。
B：いいですね。そうしましょう。

들어보자

01
❶ C / 7　❷ A / 3　❸ C / 1　❹ B / 5　❹ A / 8

예　A：デパートへ行きませんか。
B：いいですね。何をしに行きましょうか。
A：ケーキを食べに行きましょう。

❶ A：図書館に行きませんか。
B：いいですね。何をしに行きましょうか。
A：日本の雑誌を読みに行きましょう。

❷ A：公園へ行きませんか。
B：いいですね。何をしに行きましょうか。
A：遊びに行きましょう。

❸ A：図書館に行きませんか。
B：いいですね。何をしに行きましょうか。
A：先生に会いに行きましょう。

❹ A：デパートへ行きませんか。
B：いいですね。何をしに行きましょうか。
A：買い物に行きましょう。

❺ A：公園へ行きませんか。
B：いいですね。何をしに行きましょうか。
A：散歩に行きましょう。

17 私もおいしいものが食べたいです。

말해보자

01
❶ A：音楽を聞きながら、何をしますか。
B：音楽を聞きながら、歌を歌います。

❷ A：お菓子を食べながら、何をしますか。
B：お菓子を食べながら、テレビを見ます。

❸ A：歩きながら、何をしますか。
B：歩きながら、電話をかけます。

❹ A：地下鉄を待ちながら、何をしますか。
B：地下鉄を待ちながら、単語を覚えます。

❺ A：散歩をしながら、何をしますか。
B：散歩をしながら、写真を撮ります。

02
❶ A：今、何が(を)したいですか。
B：買い物が(を)したいです。
A：何が(を)買いたいですか。
B：パソコンが(を)買いたいです。

❷ A：今、何が(を)したいですか。
B：料理が(を)習いたいです。
A：どんな料理が(を)習いたいですか。
B：おいしい日本料理が(を)習いたいです。

❸ A：今、何が(を)したいですか。
B：泳ぎたいです。
A：どこで泳ぎたいですか。
B：海で泳ぎたいです。

정답 및 스크립트

❹ A : 今、何が(を)したいですか。
　 B : 映画が(を)見たいです。
　 A : 誰と見たいですか。
　 B : 恋人と見たいです。

❺ A : 今、何が(を)したいですか。
　 B : 旅行に行きたいです。
　 A : いつ行きたいですか。
　 B : 来月行きたいです。

03

❶ A : 今、何がほしいですか。
　 B : 犬がほしいです。
　 A : どうしてですか。
　 B : 犬はかわいいからです。

❷ A : 今、何がほしいですか。
　 B : 休みがほしいです。
　 A : どうしてですか。
　 B : 仕事が大変だからです。

❸ A : 今、何がほしいですか。
　 B : ケータイがほしいです。
　 A : どうしてですか。
　 B : 今のケータイが不便だからです。

❹ A : 今、何がほしいですか。
　 B : お金がほしいです。
　 A : どうしてですか。
　 B : 留学するからです。

❺ A : 今、何がほしいですか。
　 B : 日本人の友だちがほしいです。
　 A : どうしてですか。
　 B : 日本語で話したいからです。

들어보자

01

❶ a　❷ b　❸ a　❹ a

예　A : 今、何がしたいですか。
　　B : お菓子を食べながら、テレビが見たいです。

❶ A : 今、何がしたいですか。
　 B : お酒を飲みながら、友だちと話したいです。

❷ A : 今、何がしたいですか。
　 B : 音楽を聞きながら、ゆっくり休みたいです。

❸ A : 今、何がしたいですか。
　 B : 散歩しながら、写真が撮りたいです。

❹ A : 今、何がしたいですか。
　 B : 恋人と話しながら、ごはんが食べたいです。

18 3つ目の駅で降りてください。

말해보자

01
① A：ケータイ、貸して。
　B：うん、いいよ。
　　　えー、いやだ。

② A：ごはん、おごって。
　B：うん、いいよ。
　　　えー、いやだ。

③ A：あれ、取って。
　B：うん、いいよ。
　　　えー、いやだ。

④ A：パン、買って来て。
　B：うん、いいよ。
　　　えー、いやだ。

⑤ A：仕事、手伝って。
　B：うん、いいよ。
　　　えー、いやだ。

02
① A：漢字で書いてください。
　B：はい、わかりました。漢字で書きます。

② A：早く帰ってください。
　B：はい、わかりました。早く帰ります。

③ A：日本語で話してください。
　B：はい、わかりました。日本語で話します。

④ A：単語を覚えてください。
　B：はい、わかりました。単語を覚えます。

⑤ A：毎日運動してください。
　B：はい、わかりました。毎日運動します。

들어보자

01
❶ d　❷ a　❸ g　❹ b　❺ e　❻ h

예 A：コーヒーを飲んでください。
　B：いただきます。

① A：毎日運動をしてください。
　B：それはちょっと忙しくて…。

② A：ちょっと待って。
　B：うん、いいよ。

③ A：先生に電話をかけてください。
　B：はい、わかりました。

④ A：ケータイを貸してください。
　B：ええ、いいですよ。

⑤ A：これ、食べて。
　B：うん、ありがとう。

⑥ A：単語を覚えてください。
　B：はい、わかりました。

19 今、何をしていますか。

말해보자

01

① A : 佐藤さんは何をしていますか。
　 B : 電話をかけています。

② A : キムさんは何をしていますか。
　 B : 写真を撮っています。

③ A : 山田さんは何をしていますか。
　 B : 料理を作っています。

④ A : 中村さんは何をしていますか。
　 B : 歌を歌っています。

⑤ A : パクさんは何をしていますか。
　 B : ピアノを弾いています。

⑥ A : チェさんは何をしていますか。
　 B : お酒を飲んでいます。

⑦ A : イさんは何をしていますか。
　 B : 友だちと話しています。

⑧ A : アンさんは何をしていますか。
　 B : 踊っています。

02

① A : どうしたんですか。
　 B : 財布をなくしてしまいました。

② A : どうしたんですか。
　 B : 会社に遅れてしまいました。

③ A : どうしたんですか。
　 B : 5キロ太ってしまいました。

④ A : どうしたんですか。
　 B : お金をたくさん使ってしまいました。

⑤ A : どうしたんですか。
　 B : 友だちとけんかをしてしまいました。

들어보자

01

① g　② a　③ c　④ e　⑤ b　⑥ f

예 A : アンさんは何をしていますか。
　 B : 中村さんと話しています。

① A : パクさんは何をしていますか。
　 B : アイスクリームを食べています。

② A : 佐藤さんは何をしていますか。
　 B : 写真を撮っています。

③ A : 山田さんは何をしていますか。
　 B : 寝ています。

④ A : 鈴木さんは何をしていますか。
　 B : 音楽を聞きながら、コーヒーを飲んでいます。

⑤ A : チェさんは何をしていますか。
　 B : 歌を歌いながら、歩いています。

⑥ A : イさんは何をしていますか。
　 B : ベンチに座って、電話をかけています。

20 写真を見てもいいですか。

말해보자

01

① A: 明日、会社を休んでもいいですか。
B: はい、休んでもいいです。
いいえ、休んではいけません。

② A: ここに座ってもいいですか。
B: はい、座ってもいいです。
いいえ、座ってはいけません。

③ A: 友だちを連れてきてもいいですか。
B: はい、連れてきてもいいです。
いいえ、連れてきてはいけません。

④ A: 店の前に車を止めてもいいですか。
B: はい、止めてもいいです。
いいえ、止めてはいけません。

⑤ A: 隣に荷物を置いてもいいですか。
B: はい、置いてもいいです。
いいえ、置いてはいけません。

02

① A: 朝ごはんを食べて、何をしますか。
B: 新聞を読んで、歯を磨きます。

② A: 歯を磨いて、何をしますか。
B: 服を着て、うちを出ます。

③ A: うちを出て、何をしますか。
B: 駅まで歩いて、地下鉄に乗ります。

④ A: 地下鉄に乗って、何をしますか。
B: 学校へ行って、勉強をします。

⑤ A: 勉強をして、何をしますか。
B: 先生と話して、昼ごはんを食べます。

⑥ A: 昼ごはんを食べて、何をしますか。
B: 運動をして、友だちと遊びます。

⑦ A: 友だちと遊んで、何をしますか。
B: うちへ帰って、テレビを見ます。

⑧ A: テレビを見て、何をしますか。
B: 晩ごはんを食べて、お茶を飲みます。

⑨ A: お茶を飲んで、何をしますか。
B: シャワーを浴びて、宿題をします。

⑩ A: 宿題をして、何をしますか。
B: 恋人に電話をかけて、夜12時に寝ます。

21 北海道(ほっかいどう)に行ったことがありますか。

들어보자

01

① X　② O　③ O　④ X　⑤ O　⑥ X

예　A：今日(きょう)、お風呂(ふろ)に入(はい)ってもいいですか。
　　B：熱(ねつ)があるから、入(はい)ってはいけません。

① A：ここで写真(しゃしん)を撮(と)ってもいいですか。
　 B：写真(しゃしん)ですか。
　　　ここでは撮(と)ってはいけません。

② A：エアコンをつけてもいいですか。
　 B：そうですね。ここ、暑(あつ)いですね。
　　　つけてもいいですよ。

③ A：隣(となり)に座(すわ)ってもいいですか。
　 B：ええ、どうぞ座(すわ)ってください。

④ A：学校(がっこう)に犬(いぬ)を連(つ)れてきてもいいですか。
　 B：犬(いぬ)ですか。それはちょっと…。

⑤ A：ここに荷物(にもつ)を置(お)いてもいいですか。
　 B：どうぞ。置(お)いてください。

⑥ A：辞書(じしょ)を借(か)りてもいいですか。
　 B：すみません。今私(いまわたし)が使(つか)っていますから。

말해보자

01

① A：まつりを見(み)たことある。
　 B：うん、ある。
　　　ううん、ない。

② A：日本のラーメンを食(た)べたことある。
　 B：うん、ある。
　　　ううん、ない。

③ A：お金(かね)を拾(ひろ)ったことある。
　 B：うん、ある。
　　　ううん、ない。

④ A：授業(じゅぎょう)をサボったことある。
　 B：うん、ある。
　　　ううん、ない。

⑤ A：友(とも)だちとけんかをしたことある。
　 B：うん、ある。
　　　ううん、ない。

02

① A：外国(がいこく)に住(す)んだことがありますか。
　 B：はい、(住(す)んだことが)あります。
　 A：どこに住(す)みましたか。
　 B：イギリスに住(す)みました。

② A：芸能人(げいのうじん)に会(あ)ったことがありますか。
　 B：はい、(会(あ)ったことが)あります。
　 A：いつ会(あ)いましたか。
　 B：先週(せんしゅう)会(あ)いました。

❸ A：日本料理を作ったことがありますか。
　B：はい、(作ったことが)あります。
　A：何を作りましたか。
　B：かつどんを作りました。

❹ A：海外旅行に行ったことがありますか。
　B：はい、(行ったことが)あります。
　A：誰と行きましたか。
　B：家族と行きました。

❺ A：テレビに出たことがありますか。
　B：はい、(出たことが)あります。
　A：どんな番組に出ましたか。
　B：クイズ番組に出ました。

들어보자

01

❶ O / a　❷ X / c　❸ O / b　❹ X / a

예 A：田中さんは日本の本を読んだことがありますか。
　B：はい、読んだことがあります。
　A：どんな本を読みましたか。
　B：雑誌を読みました。

❶ A：アンさんは海外旅行に行ったことがありますか。
　B：はい、行ったことがあります。
　A：誰と行きましたか。
　B：友だちと行きました。

❷ A：佐藤さんは料理を作ったことがありますか。
　B：いいえ、ありません。
　　でも、かつどんが作りたいです。

❸ A：鈴木さん、芸能人を見たことある。
　B：うん、ある。
　A：どこで見た。
　B：デパートで見たよ。

❹ A：チェさんは外国に住んだことがありますか。
　B：いいえ、住んだことがありませんが、旅行に行ったことはあります。
　A：どこに行きましたか。
　B：日本とカナダに行きました。

22 花火を見たり、まつりに行ったりしました。

말해보자

01

① A : 暇な時は何をしますか。
　 B : 友だちとおしゃべりをしたり、雑誌を読んだりします。

② A : 夜は何をしますか。
　 B : 日記を書いたり、友だちにメールを送ったりします。

③ A : 休みの日は何をしますか。
　 B : 昼寝をしたり、料理を作ったりします。

④ A : 昨日は何をしましたか。
　 B : 犬と遊んだり、友だちに会ったりしました。

⑤ A : 夏休みに何をしましたか。
　 B : ジムに行ったり、山に登ったりしました。

02

① A : いつ、日本語を始めましたか。
　 B : 先月、始めたばかりですから、まだ下手です。

② A : いつ、昼ごはんを食べましたか。
　 B : さっき、食べたばかりですから、おなかがいっぱいです。

③ A : いつ、この車を買いましたか。
　 B : 去年、買ったばかりですから、まだ新しいです。

④ A : いつ、会社に入りましたか。
　 B : 3ヵ月前に入ったばかりですから、毎日忙しいです。

⑤ A : いつ、韓国に来ましたか。
　 B : 半年前に来たばかりですから、まだ韓国語が難しいです。

들어보자

01

① 中村さん : c / j 　　パクさん : e / k
② 山田さん : b / g 　　キムさん : h / i

예 A : イさんは暇な時は何をしますか。
　 B : 散歩したり、本を読んだりします。佐藤さんは何をしますか。
　 A : 私は友だちに電話をかけたり、うちで音楽を聞いたりします。

① A : 中村さんは眠い時は何をしますか。
　 B : メールを送ったり、テレビを見たりします。パクさんはどうですか。
　 A : 私は顔を洗ったり、コーヒーを飲んだりします。

② A : 山田さんは、週末は何をしましたか。
　 B : 私は、料理を作ったり、友だちの宿題を手伝ったりしました。キムさんは。
　 A : アルバイトをしたり、うちでゆっくり休んだりしました。

23 パソコンは使わないでください。

말해보자

01

① A : コーヒー、飲む。
　 B : うん、飲む。
　　　ううん、飲まない。

② A : 今日、友だちに会う。
　 B : うん、会う。
　　　ううん、会わない。

③ A : 明日、学校へ来る。
　 B : うん、来る。
　　　ううん、来ない。

④ A : 週末、約束、ある。
　 B : うん、ある。
　　　ううん、ない。

⑤ A : よく、辛い物、食べる。
　 B : うん、食べる。
　　　ううん、食べない。

02

① A : ここで遊んでもいいですか。
　 B : 危ないから、ここで遊ばないでください。

② A : 犬を連れてきてもいいですか。
　 B : 犬が嫌いだから、犬を連れてこないでください。

③ A : ごみを捨ててもいいですか。
　 B : 店の前だから、ごみを捨てないでください。

④ A : 電話に出てもいいですか。
　 B : 授業中だから、電話に出ないでください。

⑤ A : お風呂に入ってもいいですか。
　 B : 熱があるから、お風呂に入らないでください。

03

① A : 短く切ってください。
　 B : はい、わかりました。短く切ります。

② A : 早く学校へ来てください。
　 B : はい、わかりました。早く学校へ来ます。

③ A : きれいに洗ってください。
　 B : はい、わかりました。きれいに洗います。

④ A : 簡単に話してください。
　 B : はい、わかりました。簡単に話します。

⑤ A : 真面目に勉強をしてください。
　 B : はい、わかりました。真面目に勉強をします。

정답 및 스크립트

들어보자

01
❶ a ❷ c ❸ b

예 A : 今日はお風呂に入ってもいいですか。
　　B : 熱があるから、入らないでください。
　　A : シャワーはどうですか。
　　B : シャワーは浴びてもいいです。
　　A : お酒は飲んでもいいですか。
　　B : お酒も飲まないでください。

❶ A : 図書館で本を借りてもいいですか。
　　B : はい、いいですよ。でも、本に何も
　　　　書かないでください。
　　A : 隣の人と話してもいいですか。
　　B : 話さないでください。
　　　　静かにしてください。
　　A : ごはんを食べてもいいですか。
　　B : ごはんを食べてはいけません。
　　　　図書館の中では食べないでください。

❷ A : 授業中、韓国語で話してもいいですか。
　　B : 日本語の授業ですから、韓国語で
　　　　話さないでください。
　　A : 電話に出てもいいですか。
　　B : 出てはいけません。出ないでください。
　　A : 辞書は見てもいいですか。
　　B : はい、辞書は見てもいいです。

❸ A : 犬を連れてきてもいいですか。
　　B : ためですよ。連れてこないでください。
　　A : ケータイを使ってもいいですか。
　　B : ケータイも使わないでください。
　　A : 音楽を聞いてもいいですか。
　　B : 聞いてもいいですよ。

24 朝早く起きることが できますか。

말해보자

01
❶ A : 自転車に乗ることができますか。
　　B : はい、(乗ることが)できます。
　　　　いいえ、(乗ることが)できません。

❷ A : ピアノを弾くことができますか。
　　B : はい、(弾くことが)できます。
　　　　いいえ、(弾くことが)できません。

❸ A : 毎朝5時に起きることができますか。
　　B : はい、(起きることが)できます。
　　　　いいえ、(起きることが)できません。

❹ A : 英語を教えることができますか。
　　B : はい、(教えることが)できます。
　　　　いいえ、(教えることが)できません。

❺ A : 車を運転することができますか。
　　B : はい、(運転することが)できます。
　　　　いいえ、(運転することが)できません。

02
❶ A : 寝る前に、何をしますか。
　　B : 寝る前に、歯を磨きます。

❷ A : デートに行く前に、何をしますか。
　　B : デートに行く前に、化粧をします。

❸ A : 部屋に入る前に、何をしますか。
　　B : 部屋に入る前に、くつを脱ぎます。

❹ A : 留学する前に、何をしますか。
　　B : 留学する前に、日本語を習います。

❺ A：うちに帰る前に、何をしますか。
　　B：うちに帰る前に、宿題を出します。

03
❶ A：運動をした後で、何をしますか。
　　B：運動をした後で、シャワーを浴びます。

❷ A：うちに帰った後で、何をしますか。
　　B：うちに帰った後で、単語を覚えます。

❸ A：レポートを書いた後で、何をしますか。
　　B：レポートを書いた後で、メールで送ります。

❹ A：授業が終わった後で、何をしますか。
　　B：授業が終わった後で、質問をします。

❺ A：会社を辞めた後で、何をしますか。
　　B：会社を辞めた後で、大学院に入ります。

들어보자

01

田中 ❶ O ❷ O ❸ X

パク ❶ X ❷ X ❸ O

田中：パクさんは暇な時は何をしますか。
パク：買い物をしたり、ドライブに行ったりします。
田中：パクさんは運転することができますか。
パク：はい、できます。
　　　田中さんは運転することができませんか。
田中：いいえ、できますが、韓国では運転したことがありません。
パク：田中さんは何をしますか。
田中：日本ではピアノを弾いたり、ギターを弾いたりしました。
　　　でも、韓国にはピアノがありませんから、ギターを弾いたりします。
パク：田中さんはピアノもギターも弾くことができますか。
田中：ええ、ピアノは小学校に入る前から、ギターは大学に入った後で習いました。
　　　パクさんはどうですか。
パク：私はピアノも、ギターも弾くことができません。
田中：そうですか。
　　　でも、パクさんは日本語も英語も上手ですから、うらやましいです。
　　　私はまだ英語で話すことはできませんから。
パク：そうですか。

13 旅行(りょこう)は8月4日まででした。

글자연습

01 다음 한자를 히라가나로 써 보세요.

① 旅　行　☐☐☐　　② 料　理　☐☐☐　　③ 土　曜　日　☐☐☐☐

④ 高　校　☐☐☐☐　⑤ 授　業　☐☐☐　　⑥ 誕　生　日　☐☐☐☐

02 다음 히라가나를 한자로 써 보세요.

① せん しゅう　☐☐　　② しょう がつ　☐☐　　③ なん がつ なん にち　☐☐☐☐

④ きのう　☐☐　　⑤ あめ　☐　　⑥ たの ☐ しい

03 다음 카타카나를 히라가나로 써 보세요.

① バレンタインデー ☐　　② テスト ☐　　③ ケータイ ☐

04 다음 히라가나를 카타카나로 써 보세요.

① せーる ☐　　② でぱーと ☐　　③ ほてる ☐

문장 연습

01 다음 문장을 한국어로 해석해 보세요.

① いい天気でしたが、とても暑かったです。 _____

② その映画は怖くありませんでした。 _____

③ デパートのセールはいつからいつまででしたか。 _____

_____

02 다음 문장을 일본어로 만들어 보세요.

① 여행은 4월 27일부터 5월 2일까지였습니다. (숫자는 모두 히라가나로 쓰세요.)

_____

② 어제는 날씨가 좋았습니다. _____

③ 저 가게는 깨끗하지 않았습니다. _____

듣기 연습 Track 01

01 다음 단어를 듣고 받아 써 보세요.

① _____   ② _____   ③ _____

④ _____   ⑤ _____   ⑥ _____

02 다음을 문장을 듣고 받아 써 보세요.

① _____

② _____

③ _____

# よくカラオケに行きますか。

글자연습

01 다음 한자를 히라가나로 써 보세요.

① 泳ぐ　　② 遊ぶ　　③ 撮る

④ 寝る　　⑤ 帰る　　⑥ 買う

02 다음 히라가나를 한자로 써 보세요.

① べんきょう　　② あ　う　　③ た　べる

④ み　る　　⑤ く　る　　⑥ はな　す

⑦ か　く　　⑧ い　く　　⑨ よ　む

03 다음 히라가나를 카타카나로 써 보세요.

① ぷーる　　② れすとらん　　③ たくしー

문장 연습

01 다음 문장을 한국어로 해석해 보세요.

① 朝早く起きません。

② よくお酒を飲みますか。

③ 9時にお風呂に入ります。

02 다음 문장을 일본어로 만들어 보세요.

① 방 안에서 음악을 듣습니다.

② 지하철을 탑니다.

③ 오늘은 애인을 만나지 않습니다.

듣기 연습 Track 02

01 다음 단어를 듣고 받아 써 보세요.

① ② ③
④ ⑤ ⑥

02 다음을 문장을 듣고 받아 써 보세요.

①

②

③

15 昨日は何をしましたか。

글자연습

01 다음 한자를 히라가나로 써 보세요.

① 一　緒 に　　② 遅 く　　③ 死 ぬ

④ 服　　⑤ 少 し　　⑥ 昨 日

02 다음 히라가나를 한자로 써 보세요.

① か　もの
　　　い

② つく
　　る

③ いそ
　　ぐ

④ お
　　きる

⑤ の
　　る

⑥ の
　　む

⑦ はや
　　く

⑧ き
　　く

⑨ ま
　　つ

03 다음 히라가나를 카타카나로 써 보세요.

① きむちちげ　　② あるばいと　　③ てれび

📄 문장연습

01 다음 문장을 한국어로 해석해 보세요.

① 仕事が多かったですから、早く帰りませんでした。

_____

② 昨日、恋人に会いました。_____

③ どうして映画を見ませんでしたか。_____

02 다음 문장을 일본어로 만들어 보세요.

① 친구와 백화점에서 쇼핑을 했습니다. _____

② 어제, 친구에게 전화를 걸었습니까? _____

③ 일요일이었기 때문에, 일찍 일어나지 않았습니다. _____

🎧 듣기연습 Track 03

01 다음 단어를 듣고 받아 써 보세요.

① _____ ② _____ ③ _____
④ _____ ⑤ _____ ⑥ _____

02 다음을 문장을 듣고 받아 써 보세요.

① _____

② _____

③ _____

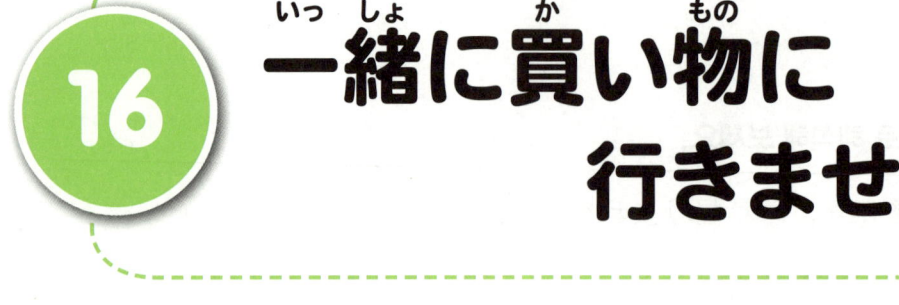

01 다음 한자를 히라가나로 써 보세요.

① 公園　　②　散　歩　　③　明　日

④ お　酒　　⑤　宿　題　　⑥　食　事

02 다음 히라가나를 한자로 써 보세요.

① やす　　　　　② うん どう　　　　③ うた
　　む　　　　　　　　　する　　　　　　　う

④ うみ　　　　　⑤ あさ　　　　　　⑥ なん じ

03 다음 카타카나를 히라가나로 써 보세요.

① アクション　　　② スキー　　　③ ワイン

04 다음 히라가나를 카타카나로 써 보세요.

① ぷれぜんと　　　② げーむ　　　③ どらま

문장연습

01 다음 문장을 한국어로 해석해 보세요.

① 明日、一緒に食事に行きませんか。

② 遠いですからタクシーに乗りましょう。

③ 勉強はどこでしましょうか。

02 다음 문장을 일본어로 만들어 보세요.

① 내일, 선생님을 만나러 갑시다.

② 어떤 영화를 볼까요?

③ 조금 쉬지 않겠습니까?

듣기연습 Track 04

01 다음 단어를 듣고 받아 써 보세요.

①　　　　　　　　②　　　　　　　　③

④　　　　　　　　⑤　　　　　　　　⑥

02 다음을 문장을 듣고 받아 써 보세요.

①

②

③

17 私もおいしいものが食べたいです。

글자연습

01 다음 한자를 히라가나로 써 보세요.

① 最近　　② 写真　　③ 誰

④ 来月　　⑤ 冷たい　　⑥ 店

02 다음 히라가나를 한자로 써 보세요.

① ほんとうに　　② とる　　③ あるく

④ たんご　　⑤ おぼえる　　⑥ ならう

⑦ りゅうがくする　　⑧ かぞく　　⑨ おかね

03 다음 히라가나를 카타카나로 써 보세요.

① びーる　　② ぱそこん　　③ れぽーと

문장연습

01 다음 문장을 한국어로 해석해 보세요.

① 日本語で話したいから、日本人の友だちがほしいです。

② どんな料理が習いたいですか。

③ 地下鉄を待ちながら、単語を覚えます。

02 다음 문장을 일본어로 만들어 보세요.

① 걸으면서 전화를 겁니다.

② 토요일에는 회사에 가고 싶지 않습니다.

③ 지금 차가 낡았기 때문에 새 차를 갖고 싶습니다.

듣기연습 Track 05

01 다음 단어를 듣고 받아 써 보세요.

① 　　　　　　② 　　　　　　③

④ 　　　　　　⑤ 　　　　　　⑥

02 다음을 문장을 듣고 받아 써 보세요.

①

②

③

18 3つ目の駅で降りてください。

글자연습

01 다음 한자를 히라가나로 써 보세요.

① 今　週　　② 降 りる　　③ 貸 す

④ 取 る　　⑤ 手 伝 う　　⑥ 〜号　線

⑦ 急 ぐ　　⑧ 読 む　　⑨ 話 す

02 다음 히라가나를 한자로 써 보세요.

① じかん　　② み　　　　③ かんじ
　　　　　　　　せる

④ しごと　　⑤ まいにち　⑥ かえ
　　　　　　　　　　　　　　る

⑦ たの　　　⑧ えき　　　⑨ かく
　しみ　　　　　　　　　　って　る

문장연습

01 다음 문장을 한국어로 해석해 보세요.

① 漢字で書いてください。

② ２号線の地下鉄に乗ってください。

③ ごはん、おごって。

02 다음 문장을 일본어로 만들어 보세요.

① 야마다씨의 집은 어떻게 갑니까?

② 3번째 역에서 내려 주세요.

③ 저것, 집어 줘.

듣기연습 Track 06

01 다음 단어를 듣고 받아 써 보세요.

① ② ③
④ ⑤ ⑥

02 다음을 문장을 듣고 받아 써 보세요.

①
②
③

 今(いま)、何(なに)をしていますか。

글자연습

01 다음 한자를 히라가나로 써 보세요.

① 実 は   ② 授 業 中   ③ 彼 女

④ 踊 る   ⑤ 遅 れる   ⑥ お 金

02 다음 히라가나를 한자로 써 보세요.

① わす れる   ② ひ く   ③ ふと る

④ つか う   ⑤ やく そく   ⑥ ぜん ぶ

⑦ いっ しょ に   ⑧ わる い   ⑨ りょう り

03 다음 히라가나를 카타카나로 써 보세요.

① ぴあの   ② ぱーてぃー   ③ けーき

문장연습

01 다음 문장을 한국어로 해석해 보세요.

① 友だちとけんかをしてしまいました。 _____

② 佐藤さんは歌を歌いながら、踊っています。
_____

③ 図書館でレポートを全部書いてしまいました。
_____

02 다음 문장을 일본어로 만들어 보세요.

① 우산을 잃어버리고 말았습니다. _____

② 빨리 여자 친구에게 사과하세요. _____

③ 다나카 씨는 친구와 놀고 있습니다. _____

듣기 연습 Track 07

01 다음 단어를 듣고 받아 써 보세요.

① _____ ② _____ ③ _____

④ _____ ⑤ _____ ⑥ _____

02 다음을 문장을 듣고 받아 써 보세요.

① _____

② _____

③ _____

20 写真(しゃしん)を見てもいいですか。

🖊 글자연습

01 다음 한자를 히라가나로 써 보세요.

① 違う　　② 通う　　③ 連れてくる

④ 荷物　　⑤ 着る　　⑥ 磨く

02 다음 히라가나를 한자로 써 보세요.

① で　る　　② わら　う　　③ か　りる

④ すわ　る　　⑤ と　める　　⑥ あら　う

⑦ がんば　る　　⑧ あ　びる　　⑨ お　く

03 다음 히라가나를 카타카나로 써 보세요.

① じむ　　② えあこん　　③ しゃわー

문장 연습

01 다음 문장을 한국어로 해석해 보세요.

① どうやってやせましたか。

② 図書館では隣の人とおしゃべりをしてはいけません。

③ 店の前に車を止めてもいいですか。

02 다음 문장을 일본어로 만들어 보세요.

① 세수를 하고, 옷을 입습니다.

② 열이 있으니까, 목욕을 해서는 안 됩니다.

③ 더우니까, 에어컨을 켜도 됩니까?

듣기 연습 Track 08

01 다음 단어를 듣고 받아 써 보세요.

① ② ③
④ ⑤ ⑥

02 다음을 문장을 듣고 받아 써 보세요.

①

②

③

21 北海道に行ったことがありますか。
ほっ かい どう

 글자연습

01 다음 한자를 히라가나로 써 보세요.

① 頼　む　　② お　土　産　　③ 芸　能　人

④ 海　外　　⑤ 番　組　　⑥ 習　う

02 다음 히라가나를 한자로 써 보세요.

① す　む　　② ひろ　う　　③ がい こく

④ よ　ぶ　　⑤ ゆう めい　だ　　⑥ りょ こう

⑦ き　る　　⑧ せん しゅう　　⑨ だれ

03 다음 카타카나를 히라가나로 써 보세요.

① ラーメン　　② チョコレート　　③ クイズ

문장연습

01 다음 문장을 한국어로 해석해 보세요.

① イギリスはまだ行ったことがありません。

② 何かを拾ったことがありますか。

③ 北海道はおいしいものがたくさんありますから、行きたいです。

02 다음 문장을 일본어로 만들어 보세요.

① 수업을 땡땡이 친 적이 있습니까?

② 일본 축제, 본 적 있어?

③ 초콜릿을 갖고 싶으니까(원하니까), 부탁해도 됩니까?

듣기 연습 Track 09

01 다음 단어를 듣고 받아 써 보세요.

① ② ③
④ ⑤ ⑥

02 다음을 문장을 듣고 받아 써 보세요.

①

②

③

花火を見たり、まつりに行ったりしました。
（はなび）

📝 글자연습

01 다음 한자를 히라가나로 써 보세요.

① 先　月　　② 去　年　　③ 半　年

④ 部　屋　　⑤ 久　しぶりに　　⑥ 先　週　末

⑦ 休　みの日　　⑧ 日　記　　⑨ 雑　誌

02 다음 히라가나를 한자로 써 보세요.

① お　　わる　　② おく　　る　　③ のぼ　　る

④ はじ　　める　　⑤ たいへん　　だ　　⑥ ねむ　　い

⑦ かお　　⑧ ひるね　　⑨ とき

문장 연습

01 다음 문장을 한국어로 해석해 보세요.

① 大変な仕事が終わったばかりですから、ずっとうちで休みました。

② 昼ごはんをさっき食べたばかりですから、おなかがいっぱいです。

③ 暇な時は友だちに会っておしゃべりをしたり、うちでごろごろしたりします。

02 다음 문장을 일본어로 만들어 보세요.

① 3개월 전에 막 회사에 들어 왔기 때문에, 매일 바쁩니다.

② 어제는 개와 놀거나, 친구에게 메일을 보내거나 했습니다.

③ 지난 주말은 오랜만에 일본에 돌아가서, 매우 즐거웠습니다.

듣기 연습 🎧 Track 10

01 다음 단어를 듣고 받아 써 보세요.

① _____ ② _____ ③ _____
④ _____ ⑤ _____ ⑥ _____

02 다음을 문장을 듣고 받아 써 보세요.

①
②
③

23 パソコンは使わないでください。

글자연습

01 다음 한자를 히라가나로 써 보세요.

① 来ない　　② 風邪　　③ 切る

④ 汚い　　⑤ 窓　　⑥ 危ない

02 다음 히라가나를 한자로 써 보세요.

① せいかつ　　② みじかい　　③ きょうしつ

④ あける　　⑤ ながく　　⑥ じ

⑦ むり　　⑧ さくぶん　　⑨ でんわでにる

03 다음 히라가나를 카타카나로 써 보세요.

① てーま　　② ぺん　　③ たばこ

문장연습

01 다음 문장을 한국어로 해석해 보세요.

① 寒いから、窓を開けないでください。＿＿＿＿＿＿＿＿＿＿＿

② 犬が嫌いだから、犬を連れてこないでください。
＿＿＿＿＿＿＿＿＿＿＿＿＿＿＿＿＿＿＿＿＿＿＿＿＿＿

③ 辞書を見ながら、ゆっくり書いてもいいですから、きれいに書いてください。
＿＿＿＿＿＿＿＿＿＿＿＿＿＿＿＿＿＿＿＿＿＿＿＿＿＿

02 다음 문장을 일본어로 만들어 보세요.

① 작문은 여러 가지 단어를 사용해서 길게 써 주세요.
＿＿＿＿＿＿＿＿＿＿＿＿＿＿＿＿＿＿＿＿＿＿＿＿＿＿

② 수업 중에는 한국어를 사용하지 마세요.＿＿＿＿＿＿＿＿

③ 지하철 안에서는 전화를 받지 마세요.＿＿＿＿＿＿＿＿＿

듣기연습 Track 11

01 다음 단어를 듣고 받아 써 보세요.

① ＿＿＿＿＿＿　② ＿＿＿＿＿＿　③ ＿＿＿＿＿＿

④ ＿＿＿＿＿＿　⑤ ＿＿＿＿＿＿　⑥ ＿＿＿＿＿＿

02 다음을 문장을 듣고 받아 써 보세요.

① ＿＿＿＿＿＿＿＿＿＿＿＿＿＿＿＿＿＿＿＿＿＿＿＿＿

② ＿＿＿＿＿＿＿＿＿＿＿＿＿＿＿＿＿＿＿＿＿＿＿＿＿

③ ＿＿＿＿＿＿＿＿＿＿＿＿＿＿＿＿＿＿＿＿＿＿＿＿＿

24 朝早く起きることが できますか。

✏️ 글자연습

01 다음 한자를 히라가나로 써 보세요.

① 化粧 ② 歯 ③ 出す

④ 留学 ⑤ 野菜 ⑥ 弾く

⑦ 自転車 ⑧ 前に ⑨ 後で

02 다음 히라가나를 한자로 써 보세요.

① おし　える ② しつ もん ③ や　める

④ ぬ　ぐ ⑤ よわ　い ⑥ まい ばん

⑦ だい がく いん ⑧ うん てん　する ⑨ はじ　まる

문장연습

01 다음 문장을 한국어로 해석해 보세요.

① 映画を見る前にパンでも食べましょうか。 _____

② 会社を辞めた後で、留学に行きます。 _____

③ 毎晩10時ぐらいに寝ますから、夜遅く遊ぶことができません。
_____

02 다음 문장을 일본어로 만들어 보세요.

① 매일 아침, 밥을 먹은 후에 약을 먹습니다. _____

② 집에 돌아가기전에, 숙제를 내 주세요. _____

③ 자전거를 탈 수 있습니까? _____

듣기연습 Track 12

01 다음 단어를 듣고 받아 써 보세요.

① _____   ② _____   ③ _____
④ _____   ⑤ _____   ⑥ _____

02 다음을 문장을 듣고 받아 써 보세요.

① _____

② _____

③ _____

워크북

글자 연습, 문장 연습, 듣기 연습을 통해
매일매일 일본어를 정복하자!!

이름